第二世代の品質コスト

宝島 一雄

東京図書出版

目次

第1部
実 践 編 ……………………………………………………… 5

第1章　第一世代の品質コスト ……………………………………… 7
　　(1) 品質コストのルーツ
　　(2) その後の品質コスト

第2章　品質コスト改善の実践例 ………………………………… 11
　　(1) 私の活動スタイル
　　(2) 売上高比1％の品質コストを改善した実践例

第3章　なぜ、今第二世代の品質コストなのか ………………… 19
　　(1) ブルーカラーの労働生産性からホワイトカラーの知的生産性に着目
　　(2) SGAに潜む「やり直し設計」のムダ
　　(3) やり直し設計のムダを測る
　　(4)「理論と実際」 観念論の第一世代から実践論の「第二世代」へ

第4章　未然防止のための対策に迫る「深層分析」 …………… 25
　　(1) データは語り掛けている
　　(2) 初めに設計手順、設計基準ありき
　　(3) 設計不良はどうして再発するのか
　　(4) 設計業務の道しるべ（設計標準、設計フロー）
　　(5) 深層分析の流れ

第5章 独自に工夫したAdvanced FMEAの実践 38
　(1) なぜAdvanced FMEAが必要なのか
　(2) 原因系をなぜなぜ分析でTREE化し全体像を見る

第6章 品質とはマネジメントそのものではないか 46
　(1) 伝統と変革
　(2) 組織の機能的役割と責任
　(3) 品質目標は誰の目標か
　(4) 個人の「暗黙知」をグループの「明白知」にする
　(5) 設計不良は未然防止できる。しようとしていないだけ
　(6) 知識は獲得しようとしなければ獲得できない
　(7) 隗より始めよ

第2部

組織的取組編 59

第7章 どのようにして品質経営を進めていくのか 61
　(1) 企業の品格を問う「経営品質」
　(2) 経営品質における品質保証体制の位置づけ
　(3) TQMの道しるべ〈品質経営の考え方、取り組み〉
　(4) 誰が品質経営を推進するのか
　(5) 名刺だけの品質保証部長はいないか

第8章 品質保証体制の確立 80
　(1) 品質経営の理想と現実との乖離の認識
　(2) 品質保証体制の構築
　(3) 品質保証体制の要「品質会議」

第9章 企業人の常識としての論理的思考 88
　(1) 二つの「情報」という言葉の意味の違い
　(2) 専門的固有技術に加え管理技術を身に付けた人財が求められる
　(3) 身に付けたい、よく「みる」という能力
　(4) 論理的思考を実践するために
　(5) こんな判断基準を持った人財になってほしい

第10章 品質管理的ものの見方、考え方 95
　(1) 品質管理とは「仕事の質管理」である
　(2) ビジネスセンスの基本中の基本　「QC感覚」
　(3) データは語り掛けている
　(4) なぜ統計が必要なのか
　(5) 私たちの手にするデータにはバラツキがある
　(6) どのようにして統計を学ぶか
　(7) 作業手順書の持つ意味

第11章 知的生産性を高める「仕事研究集団活動」 107
　(1) どのようにして知識を高めていくか
　(2) 赤信号、みんなで渡れば怖くない
　(3) 「仕事研究集団活動」で人財を育成する
　(4) 小集団活動と業務活動との位置づけ
　(5) 仕事研究集団活動で人財育成を進めるステップ

　　　おわりに 118

第1部
実 践 編

第1章 第一世代の品質コスト

(1) 品質コストのルーツ

　SQC[1]華やかなりし1963年、品質管理＝SQCという潮流の中で、SQCからTQC[2]へ移行していくトリガーになったと考えられる市川龍三氏による『総合的品質管理』[3]が発刊され、その導入から進め方までがSQCの枠を大きく超えて解説されていた。

　その中では、「総合的品質管理」の「総合的」の意味をマネジメント、エンジニアリング、オペレーションの側面から捉えており、SQCはその中の一つのツールとの位置づけであった。

　当時、SQCを勉強していた私にとって大きな衝撃を受けた一冊の本であり、特にインパクトの大きかったのは「品質コスト」という考え方であった。

　氏曰く、SQCの重要性はわかるけれども、これだけでは実際の行動には移せない。まず行うためのシステムやルールが必要なのに、これについての最良の手段は誰も教えてくれない……、品質管理に対する費用対投資効果……。

　製造工程上のトラブルよりも、それ以前と以後に問題が多い。これにどう対処するかという的確な決め手が見つからない……が発刊の伏線にあったと述べている。

　1961年 General Electric Co. の Engineer であった A. V. Feigenbaum 氏が著した *Total Quality Control* が、1966年に日立製作所により『総合的品

---

[1] Statistical Quality Control（統計的品質管理）
[2] Total Quality Control（総合的品質管理）
[3] 市川龍三『総合的品質管理』日刊工業新聞社　1963

質管理』として翻訳され紹介された。[4]

SQCの基本理念から大きく拡大し、コストの問題、教育と訓練、ひいては自動化にまで言及し、広範囲な応用面を扱った真に製造技術に携わった人でなければ書けない著書であると評された。

時間的な差はあるけれども、市川龍三氏の著書のルーツも紛れもなく1961年 A. V. Feigenbaum 氏が著した Total Quality Control であることは容易に想像できる。

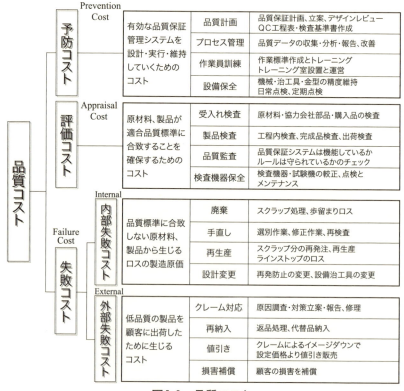

図1-1　品質コスト

---

[4] A. V. Feigenbaum 著　日立製作所訳『総合的品質管理』日本科学技術連盟　1966

SQC⇒TQC⇒TQMへと品質管理が変遷する中で、A. V. Feigenbaum氏が提唱した「品質コスト」はどのように扱われてきたことだろうか。

　時はまさに高度経済成長時代、"バブル"に向けてひた走った時代でもあり、品質コストの言葉は文字として目にはしたものの、活動として品質コストを取り上げたものには出会う機会が少なかった。

　1979年、Philip B. Crosby氏により *Quality is Free* が発表され、これは日本能率協会から『クオリティ・マネジメント』として邦訳、出版された。[5]

　Philip B. Crosby氏はZD[6]の創始者としても知られ、後にASQC[7]会長も歴任するが、ITT社の品質担当副社長としてITT社での体験をもとにZDの考え方を全社に展開し、ZDを達成基準としたQMの基本理念、展開方法を体系化したものが *Quality is Free* であった。発表後、多くの著名な企業から氏の教えを請いたいという要望があり、これに応えて、ITT社での氏の経験を広く産業界のために役立てたいとの決意で同年同社を退職し、「Quality College」を開講したといわれている。

　1984年、*Quality Without Tears* を発表。これは『QM革命──品質コスト低減の新手法』として邦訳、出版された。[8]

　内容的にはQuality Collegeのテキストの副読本的位置づけと捉えている。

(2) その後の品質コスト

　当時、日本版クオリティカレッジの研修を受講したが、まさに組織として動かないと何事も進まないことを痛感し、知識としてのセミナーに終わったことを覚えている。

---

[5] Philip B. Crosby 著　小林宏治監訳『クオリティ・マネジメント』日本能率協会　1980

[6] Zero Defects movememt（ZD運動：無欠点運動）

[7] American Society for Quality Control（米国品質管理協会）

[8] Philip B. Crosby 著　日本能率協会訳『QM革命』日本能率協会　1984

この時学んだことは「品質とはマネジメントそのものではないか」ということである。以後、品質管理の潮流はISO 9000へと突き進んでいき、1990年代後半には、モトローラ社に端を発するシックスシグマの時代に入っていった。

　シックスシグマではD-M-A-I-C Approachが有名である。M: Measureの尺度となるものは、実務面では実務に即した物理的特性値が用いられるものの、プロジェクトマネジメントレベルでの尺度は品質コスト、COPQ（Cost of Poor Quality）、欠陥コスト、失敗コストであり、この底流には品質＝コストの米国流の考え方が強く打ち出されている。

　しかし一方で、社内に品質コストを集計する仕組みすら無く、品質コストに不慣れな状態で、いきなりプロジェクトの成果を品質コストで表現することには無理があり、どうしても"つまみ食い"的な感は否めないという現実があった。

　経営ツールとしてのシックスシグマを、改善ツールとしてその一部のつまみ食いであるにもかかわらず、シックスシグマとして導入してしまったことも否めない。

　我が国での品質コストに関する代表的な研究者としては伊藤嘉博氏[9]が挙げられ、氏はマネジメントシステム構築の重要性を強調している。

　また、氏の研究考察[10]の中ではPAF法に加え、機会損失コストも取り上げられ、併せて、シックスシグマにおける品質コスト測定に関する指摘もしている。

　改めて「品質とはマネジメントそのものではないか」の認識を強くしているが、それはマネジメントという視点から見た学術的議論であって、企業の生産現場ではどのように受け止め、品質コストをどのように品質改善に絡めていくのか、現場の視点から改善活動の実践例を紹介する。

---

[9] 伊藤嘉博『品質コストマネジメントシステムの構築と戦略的運用』日本科学技術連盟　2005

[10] 伊藤嘉博「わが国の品質管理実践革新の可能性と品質コストが果たす役割に関する考察」『早稲田商学』第434号　2013

第2章　品質コスト改善の実践例

　品質コンサルタントとして、いくつかのクライアント企業で現場の品質改善を実践してきたので、その実践例を紹介する。「今更50年前の品質コストか」という人もいるかもしれないが、認識し、理解し、実践して自分のものとして体得して初めて「守・破・離」の「守」を卒業できるのである。
　品質コストの原点は、やはり A. V. Feigenbaum 氏の品質コストであり、ここでは「第一世代の品質コスト」と呼ぶ。理由は、この実践後に新たに「第二世代の品質コスト」を提唱、実践例を示すからである。

(1) 私の活動スタイル

　「品質管理は実践と行動の学問である」。これが私の信条であり、まして「実践無くして改善云々は語れない」とも思っている。
　品質管理とは経営そのものであり、その結果としての品質は企業体質の影の部分の表れである。それは顧客に対する信用、ブランドであると同時に、経営的には生産性に直結するコスト要因なのである。
　もとより品質と一口に言っても、品質には積極的・能動的な活動から生まれる「魅力的品質」と消極的・受動的な活動で確保していく「当たり前品質」があり、多くの場合、市場クレームや社内品質不良といった当たり前品質が確保されていないという現実に対して、その火消し、是正措置、再発防止、未然防止といった領域で組織的に活動されている場合が多いものと思う。
　一方、「魅力的品質」を熟考、注入するのは商品化プロセスの中でも出発点に当たる商品企画段階であり、活動の考え方、手法も異次元のものである。
　ここで捉えている品質とは、品質コスト、品質改善という言葉からも暗黙の了解事項として受け止められる「当たり前品質」を確保するための障害となっている品質不良を意味している。

第1部　実践編

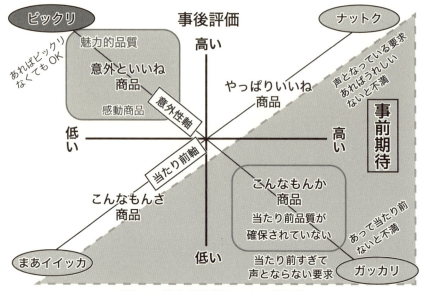

図2-1　魅力的品質と当たり前品質

　この観点から、厳しい経済環境の中とはいえども、確かな「品質改善活動」は即、企業業績の改善につながると確信している。

　繰り返すが、「品質管理は実践と行動の学問」である。

　現状の品質管理活動で、社内外に現状の品質問題があるという現実を直視すれば、現状の品質管理活動を変革し、確かな品質改善活動を展開・推進する必要があるということを、目の前の現実が語りかけているのがわかる。この認識こそが、品質改善活動の出発点である。

① 品質改善活動のスタイルは品質を単に不良件数、不良率として捉えるのではなく、「品質コスト」という経営数値として捉え、経営に貢献する品質改善活動を展開・推進していくが、まずは「失敗コスト」から始めるのがやり易い。

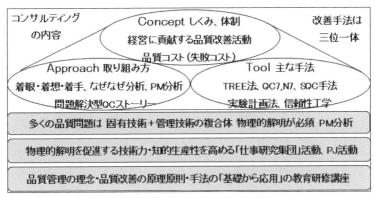

図2-2 改善は三位一体の活動

② 品質問題解決のネックとなる原因究明の解析では、「起こっていることは物理現象だ」との考えの下、現象の因果関係を論理的・物理的に TREE 法で整理し、4M へと展開する。
③ 多くの場合、品質問題は固有技術と管理技術の問題の複合体で、その職場の固有技術、管理技術が未知・未熟あるいは知識が分散していることなどが解析のネックになっている。
④ そのため、物理的解明を促進する職場の技術力・知的生産性を高めるために、職制を補完し各階層に合った「仕事研究集団活動」を展開する。
　「知識は獲得しようとしなければ獲得できない」という考えからすれば、OJT の美名の下、放し飼いの現実に何が期待できようか。
⑤ 並行して、実践活動の Input 情報と共に、職場での実践を通した教育・普及活動を狙い、参画するメンバーに「品質管理の理念・品質改善の原理・原則・手法」の基礎から応用までの教育・研修を行うことが重要である。
　世の中すべからく Input 無くして Output 無し。
⑥ そして、長期的視点に立ち、このような実践活動を通じて今後の品質改善活動を永続的に推進するキーマンを養成していくことが企

第1部 実践編

業の永続的発展を支える基盤になることと併せて、「不良を作るムダ」を体感し、「品質＝仕事の質」の大切さを理解し、浸透された職場風土を社内に醸成していくことが狙いなのである。

(2) 売上高比1％の品質コストを改善した実践例

以上のような考えの下で、生産現場の品質改善活動を実践した事例を紹介する。

これは教科書に書かれているきれいごとでは無く、現実の話である。

中国広東省広州にある日系電機企業の生産現場で2年半に亘り品質改善に取り組んだ実践例である。

先に結果を示す。

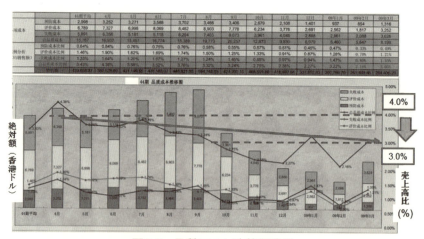

図2-3　品質コスト改善実践例

当然のことながら、自社版の品質コストテーブルを作成し、月度毎に集計するのだが、これは品質管理主導で実行した。

この品質コストテーブルを作成するというステップは、意志決定後の活動の原点、出発点になる重要なステップであると同時に、いきなり活

動が踊り場に直面してしまう場面でもあり、その後の方向付けを決定しかねない重要な意味を持つ場面でもある。

なぜ踊り場かというと、頭では分かっていてもいざ書き出そうとすると、とにかく「根気」のいる作業なので、煩雑だ、面倒だ……となかなか根気が持続しない状況に入っていき、この段階で挫折していくことが多いのである。

頭の中では分かっているのだが、その作業の煩わしさ故に品質コストは難しいという理由に挿げ替えて、出発点の段階で諦めてしまうのである。

ここは時間がかかっても良いから「愚直に」該当する項目を自社内の用語に置き換えていくことが肝要である。

品質成本计算詳細(1/2)

分類1	分類2	ITEM	項目	事例	算出式
预防成本	品质管理・保证	1	企业（品质）计划立案	品质/部门方针、实行计划作成费等	作业总时间×工资比率(或每小时的劳务费)
预防成本	品质管理・保证	2	品质计划立案(制品实现程序)	基准书、式样书作成/修改费用等	作业总时间×工资比率(或每小时的劳务费)
预防成本	品质管理・保证	3	品质管理体系(文件类)的运用维持管理	QMS关联的规程、标准、手质书的作成/修改费用等	作业总时间×工资比率(或每小时的劳务费)
预防成本	品质管理・保证	4	品质改善活动	勤余额的费用等	改善活动总时间×工资比率(或每小时的劳务费)
预防成本	教育	5	社内·社外教育活动	社内·社外研修费用、教育·训练费用(含OJT)等	社外:研修总时间×工资比率(或每小时的劳务费)+研修费
预防成本	教育	6	合作公司品质指导活动	合作公司品质指导费、监查费等	指导总时间×工资比率(或每小时的劳务费)
预防成本	教育	7	QC小组活动	QC小组活动所需费用等	QC小组所用的总时间×工资比率
预防成本	制品实现	8	设计评审(D/R)	设计评审(DR-1,2)费用	DR总时间×工资比率(或每小时的劳务费)
预防成本	制品实现	9	FMEA	D & P-FMEA实施费用等	作业总时间×工资比率(或每小时的劳务费)
预防成本	设备	10	计测器管理费·试验设备计测器校正	社内/社外校正费等	作业总时间×工资比率(或每小时的劳务费)
预防成本	设备	11	设备·计测器维护	维护相关费用	社外:外部委托费
评价成本	品质管理	12	設計品質信頼性测试(部品·制品)	信頼性测试费用	试验总时间×工资比率(或每小时的劳务费)
评价成本	品质管理	13	原材料·部品的受入検査	受入検査費用	受入检查总时间×工资比率
评价成本	品质管理	14	工程間·最終検査(含部品受入)	首件确认、中间、最终检查费用	检查总时间×工资比率
评价成本	品质管理	15	①量産試作	PP的整体费用	作业总时间×工资比率+部品费
评价成本	品质管理	16	②量産試作	会晤费用(Ex:FF过来的会晤)	出差费+会晤总时间×工资比率(或每小时的劳务费)
评价成本	品质管理	17	製品認定(含信頼性测试)或/及DR-3	信頼性試験、検査、評価費用、DR-3実施費	DR总时间×工资比率(或每小时的劳务费)
评价成本	品质管理	18	部品認定	検査(测定、试验等)、評価費用	检查总时间×工资比率
评价成本	品质管理	19	量産製品出荷検査	出荷検査費用	检查总时间×工资比率
评价成本	品质管理	20	量産製品蓄荷検査	蓄荷検査費用	外部委托费
评价成本	品质监查	21	品質保証監査(内部監査)	监查准备费用、监查报告书作成费用、跟催等的活动费	监查、监查对应以及准备的总时间×工资比率(或每小时的劳务费)
评价成本	品质监查	22	①对应客户监查	監査対応者活動費用、監査準備費用及監査跟催費用	监查对应及准备总时间×工资比率(或每小时的劳务费)
评价成本	品质监查	23	②对应客户监查	出差费用(从FF来的出差费用等)	出差费+監査対応、準備共计时间×工资比率(或每小时的劳务费)
评价成本	品质监查	24	第3者監査対応	監査対応者活動費用、監査準備費用、監査及登録費用	检查对应及准备总时间×工资比率(或每小时的劳务费)+监查及登陆费
失败成本		25	对应投诉·社内纠纷的仕様変更指示	仕様変更費、製品 部品廃棄費用	作業总时间×工资比率(或每小时的劳务费)
失败成本		26	不良品廃棄処理(製品·半製品·部品)	製品、半製品、部品的廃棄費用	製品/半製品的製造原価×廃棄数量、部品購入単価×廃棄数量
失败成本		27	①再PP	部品費、製造費用	作業共计时间×工资比率+部品費
失败成本		28	②再PP	会晤費用	出差費+会晤共计时间×工资比率(或每小时的劳务费)
失败成本		29	制品再認定(信頼性测试)	信頼性試験、検査、評価費用	試験、検査、評価共计时间×工资比率+部品費
失败成本		30	部品再认定	検査費、評価費用	检查总時間×工资比率
失败成本		31	因生産計画変更而安排的小批量生産	转机种损耗(loss)的费用	转机种時間×工资比率
失败成本		32	再生産·全検／修理	所需的人件費	作業总时间×工资比率(或每小时的劳务费)+部品費
失败成本		33	再加工	製品、部品的再塗装、再研磨等的再加工費	作業总时间×工资比率(或每小时的劳务费)+部品費
失败成本		34	特别运输	Air费用等计划外的运输费(含陆、海运输)	运输费
失败成本		35	投诉調査、対策、処理(含実験·FTA 等)	调查、对策、处理、实验、到对策lot的全检费用	费)
失败成本		36	投诉賠償·降价	赔偿费、降价费	賠償費、降价費
失败成本		37	因投诉产生的返品运输	退回不良品以及补给良品产生的运输费	运输费
失败成本		38	对应投诉的出差	差费	交通费、日薪(人件費、投诉処理費)
失败成本		39	长期在库的废弃	滞销存货的废弃费用	製品廃棄費+部品廃棄費
失败成本		40	社内纠纷調査、対策、処理	品、半製品、部品等的纠纷処理的对策、処理費用等	小时的劳务费)
失败成本		41	对应社内纠纷出差	处理社内纠纷产生的出差费用	交通費、日薪(人件費、社内纠纷処理費)
失败成本		42	因品质问题的停拉	因部品不够・计划变更而停拉产生的费用	停拉总时间×作業人数×工资比率

図2-4　自社版の品質コストテーブル例

第1部　実践編

　コストテーブルは当初は未熟なものであっても、当社比で6カ月後、1年後の推移を見て改善活動の中身を評価していくことが目的なので、期末、年度末といった区切りで内容を見直し、充実させて改訂していけばよいのである。

　集計・作表も品質管理主導で実施した。従来Excelでの数表作成は浸透してはいたが、そこから一歩踏み出せていなかったので、まず品質管理教育の初めに「その数値が何を語り掛けているのか」を1枚の絵、グラフで表すことを指導した。シックスシグマでいう「Write it down. Show me the data. Say it with graph.」である。
　図2-5～図2-6に実践例として生データの一部を紹介するが、出来上がったものを見るとそう難しいものでもなく、どこでもできそうな代物であるが故に、こんな簡単なものはいつでもできると「評論家」「第三者」的にみてしまいがちであるが、ここでは一言居士は要らないのである。
　ここで必要なのは「当事者意識」を持った人達なのである。

10月F-COST中身

部門	26 仕様変更指示	27 不良品廃棄処理（製品・半製）	28 再PP2/3	29 再製品認定（信頼性試験）	30 再部品認定	31 因生産計画変更的小批次生産	32 再生産・全検/返修	33 FF全検	34 再加工	35 特別運輸	36 投訴調査対策（含实驗・FTA etc）	37 投訴賠償・降价	38 領取運輸	39 社外投訴関連出張	40 社内投訴関連出張	41 長期在庫的廃棄	42 社内糾紛的処理	43 品質問題影響（停拉line_stop）
D1	0.0	422.5	278.1	0.0	0.0	0.0	406.7	327.9	0.0	125.0	14.3	0.0	0.0	7.9	0.0	0.0	10.0	15.9
D2	0.0	555.5	6.0	0.0	0.0	0.0	277.3	140.6	14.8	0.0	0.0	0.0	0.0	2.3	0.5	0.0	4.6	0.0
D3	1.3	360.2	2.2	0.0	0.0	0.0	7.5	0.0	0.0	0.0	10.7	0.0	0.0	0.0	0.0	0.0	11.3	0.0
D5		3.9						2.1									2.1	0.0
D6		23.7					3.4	13.5		39.2				38.0				69.1
D81		7.8					19.0			0.6							4.2	0.0
D92		20.1						152.6			1.4	0.0		24.2	0.0		2.9	0.0
D94		65.8	11.3				4.3	3.3		0.0	0.6						2.5	0.0
PIP 全体TTL	1.3	1,359.4	297.7	0.0	0.0	0.0	720.2	306.7	20.0	164.2	16.0	11.3	2.4	70.5	0.0	9.5	37.4	85.0

図2-5　部門毎のF-コスト集計例

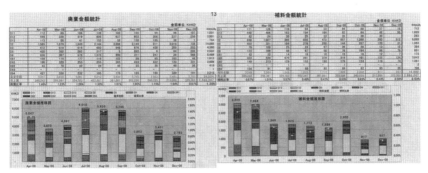

図2-6　数字はグラフ化してトレンドを見ていく

　すべからく、会社内の人（工数）、物の流れは即ちお金の流れであり、これは個人が勝手に動かせるものではなく、必ず責任者の検印・承認が必要である。
　よって、その会社内の伝票の動きを追えば、品質コストは把握できるのである。
　スタート時点で、品質管理主導で進めた理由は、従来それらの伝票は財務会計という視点で経理処理されていただけで、そこには「ムダを測る」という考えが及ばず、データとしては存在するが「ムダを測る」という眼でみていなかったからである。品質コストという言葉すら新鮮だが異物に感じたようである。
　TQMの思想からいえば、ここに経理が参画すると良いのだが、現実はそうはいかない。財務会計とは違うというのが大きな理由であり、「組織の壁」を強く感じた瞬間である。

　この活動で売上高比1％のコストを改善した。
　売上高比1％の金額は会社の規模によって、そのインパクトの大きさは異なると思うが、少なくとも、今まで当たり前にドブに捨てていた金額を手元に留め置くことができるので、経営的には大きなインパクトであったと考えている。

第1部　実践編

　仮に売上高利益率が10％の会社なら、それを11％（10% up）に改善したことになり、売上高利益率が5％の会社なら、それを6％（20% up）に改善したことになる。

　これは何を意味するのか。
　日常の事業活動で増益を図るには、新商品開発とか販売価格を引き上げる……等による売り上げ増によるところだが、それは至難の業、一部の企業を除き、多くの企業でできるわけではない。
　でも、品質改善活動はどこの会社でもできることである。これこそ、やろうと思うか思わないかが、分かれ道である。確かにやろうと思っていても思いどおりにうまく進まないという悩みが現実だろうが、うまく進まない原因は社内に潜んでいるので、「起動トルク」としての品質コンサルタントを活用すればよい。
　今までドブに捨てていた売上高比1％の金額を、ドブに捨てずに手元に残すことができたのである。
　多くの場合、この活動をすれば「売上高比1％」のコストを改善できる。

第3章 なぜ、今第二世代の品質コストなのか

　第二世代というからには、第一世代が存在するはず。
　もちろん第一世代の品質コストといえば、それは紛れもなくA. V. Feigenbaum氏の品質コストを指すのだが、それが提唱・発表された当時と、半世紀が過ぎた今では、製造業を取り巻く環境が大きく変化・進化していることに注目しなければならない。
　この半世紀における、多くの分野での技術の進化は目覚ましいものがあり、俗に"ハイテク"と呼ばれる技術が当たり前の時代になっているのである。
　伝統的な製造業を支えるIT技術、自動化技術、ナノテク……等が生産活動の最前線から、昔懐かしい「労働生産性」の文字を消し去ろうとしている。
　もとより、品質コストは商品化プロセスを通して品質という切り口で見た費用をPAF法で整理しているもので、労働生産性とは直接関係があるわけではないが、内部失敗コストにおける作業の手直し・修理にかかるコストは部分的に労働生産性と関係しているので、50年前の労働生産性が議論される時代背景に考え出された第一世代の品質コストと位置づけている。

(1) ブルーカラーの労働生産性からホワイトカラーの知的生産性に着目

　2015年現在は、俗に3Kと呼ばれる作業領域は一部にあるにせよ、明らかに仕事の重点が作業から自動化工程の4M管理に移行していることは否めない事実であろう。
　4Mの中で注目するのはManである。作業としてのManであると同時に、管理としてのManが注目される時代になってきているのである。ManはWorkの中でのHuman Errorが相対的に脚光を浴びるが、Material,

Machine, Method の工程設計・条件設定・管理の良否はすべからく Man に懸かっているのであって、時代背景としては、労働生産性の時代から「知的生産性」の時代に入っていると言っても過言ではないであろう。

従って、私の提案は労働生産性時代の「第一世代の品質コスト」を卒業したならば、知的生産性時代の「第二世代の品質コスト」に取り組むべきではないかということである。

繰り返すが、卒業という意味は、実践して仕組みが出来上がって日常業務に浸透しているということである。

実践してという意味は、ただ発生費用の集計システムができ、集計しているということではなく、目の前の結果を改善するために「失敗から学習する企業風土」が醸成されていることが前提であり、改善に取り組む意欲を実現するために Concept–Approach–Tool の三位一体となった改善活動の仕組みを持って進めるということである。

(2) SGA に潜む「やり直し設計」のムダ

■ 設計の生産性は測られているか

従来から、モノづくり企業における基幹業務である生産現場の労働生産性は議論されてきており、それは今では飽和状態にある。一方、重要な基幹業務にもかかわらず開発設計の生産性については、あたかも聖域化されているかの如く活発な議論がなされていない。

■ Untouchable な世界なのか

もちろん、ホワイトカラーの生産性を議論するには間接支援業務の生産性を議論する必要があるが、間接支援業務の生産性といえども、それは多分に直接基幹業務に左右されることが多く、単独で議論するにはまだ優先順位が低すぎる。

よってここでは、まずは基幹業務である開発設計の「知的生産性」をとりあげる。

第3章　なぜ、今第二世代の品質コストなのか

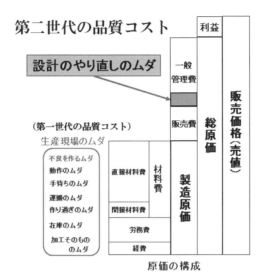

図3-1　SGAに潜む「やり直し設計」のムダ

　ここでの「やり直し設計」とは基幹業務としての設計業務を完了し、出図したけれども、後工程でのDR評価、量産試作、量産、ひいては出荷後ユーザーからのクレームの中の設計責任による是正措置、対策のためのやり直し設計を意味する。

　設計進行中にもやり直しは存在するが、それはあくまで設計完了前の設計内部の流れの悪さを意味し、一般に「手戻り作業」と呼ばれている。

　設計完了前後を問わず、両者を「設計の手戻り」という概念で括っている企業もあるが、ここでは敢えてインパクトの大きい設計完了後の手戻りに着目し、これを強調するために「やり直し設計」と表現する。

　その理由は、両方とも設計の生産性改善という観点からは取り組む必要性があるが、そこには優先順位があり、「お客様第一主義」を掲げる企業であれば当然、設計完了後に検出された設計責任の市場クレーム、出荷前信頼性試験、量産中、DR評価での指摘……等の否が応でも待ったなしに取り組まなければならない「やり直し設計」を、まずやらなければならない。

第1部　実践編

まさに緊急事態の Fire Fighting である。

よって、「やり直し設計」を卒業してから、設計内部の「手戻り作業」の改善に取り組むべきである。

もちろん、「やり直し設計」の過程で「手戻り作業」の改善が図られる場合もあるが、それはあくまでも副次的な産物で、一義的にはやり直し設計が優先される。

(3) やり直し設計のムダを測る

「測れなければ管理できない」。これはシックスシグマの D-M-A-I-C Approach の Measure の中でよく使われる言葉でもある。

経営的視点から見た改善指標はムダの削減を金額評価することであり、この実現のための実務レベルの改善指標は、やり直し設計のために費やした労力、工数である。

言うまでもなく、ほとんどの設計現場では製番毎、プロジェクト毎に業務内容毎の細部区分があって、設計者の工数の集計・分類・管理はなされている。しかし、同じ製番、プロジェクトであっても、その対象が設計完了・出図までに費やしたものか、設計完了後のやり直し設計に費やしたものなのかの区分が明らかになっているかは疑問である。言葉は悪いが「どんぶり勘定」が現実ではないか。

多分、「そんな簡単なことを……」と言われる方が多いと思うが、頭の中では簡単であっても実際はそう簡単ではないという現実に直面するのも、これまた事実である。やる意味は理解し総論賛成だが、いざ実行に移そうとすると各論反対で、出来ない理由がこれでもかというほど出てくる。

しかし、この出来ない理由を考え出すエネルギーを持っていることはわかったので、このエネルギーをぶつける対象をリードしてやることで、「知的生産性を高める」活動に繋げることが出来ると確信した瞬間である。

既に仕組みの構築は終わり測定は軌道に乗り出しているが、現在進行形のため、その内容については割愛する。

第3章 なぜ、今第二世代の品質コストなのか

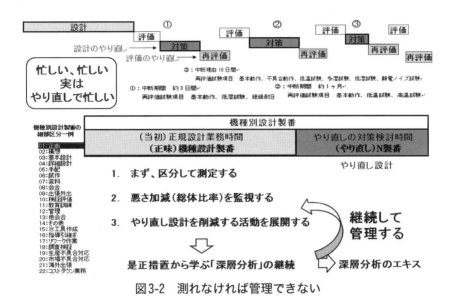

図3-2 測れなければ管理できない

⑷「理論と実際」 観念論の第一世代から実践論の「第二世代」へ

　繰り返すが、「品質管理は実践と行動の学問」である。これは私の哲学である。

　学問である以上、そこには概念、手法といった理論の世界があり、そこでは概念、手法の「新規性」にその価値を見出しているのである。大学の研究室で品質管理を研究している人々は「新規性」を求めて観念論の世界で日夜研究を続けているのである。

　一方、ビジネスの世界では現実の世界と向き合っており、まさに「実業の世界」で、特にモノづくりの世界では日々発生する諸々の現象との闘いが顕著である。

　品質管理においては、理論を理解した上で、理論との対立軸となる「実際」が重要となる。理論がそのまま当てはまるような単純な世界ではないということは現場の人たちにとっては周知の事実であり、どのようにして進めていくのかが最大の関心事なのである。そこでは結果へと

第 1 部　実践編

導く道筋を示すためにどのように応用し、どのような工夫を凝らしていくかという「実践論」の世界で日夜苦闘しているのである。個々の工夫はたかが知れているが、Package として結果へと導く道筋を示す実践論こそ第二世代の品質コストと位置づけるものである。

「理論と実際」という両輪が回って初めて役に立つ品質管理といえるのである。

	第一世代の品質コスト	第二世代の品質コスト
時代背景	Product Out の時代	Market In の時代
	労働生産性を追求した時代	知的生産性を追求する時代
	ブルーカラーの生産性	ホワイトカラーの生産性
対象	製造プロセス 製品　ハード 製造原価	設計プロセス 製品　ソフト SGA
最適化	品質/コストのトレードオフ	品質のつくり込み 究極の不良ゼロ
論理	観念論	実践論
価値を見出す対象	概念・手法の新規性	応用・工夫を凝らした結果へと導く道筋
住む世界		実業の世界

（品質コストの　　　　理論　　と　　実際　　　）

図3-3　第一世代と第二世代の品質コストの比較

第4章 未然防止のための対策に迫る「深層分析」

　日々新聞、TV で報道される色々な事故のニュースに当該会社の責任者による記者会見があり、そこではよく「再発防止に努めます」という言葉を聞く。

　現状の未然防止策が不十分で、そこをすり抜けた現象の再発防止のためにはメカニズムの究明、発生原因の特定、原因に対する対策といった思考プロセスを踏むが、その Output は初めの未然防止策を補強する役割を担うのであり、再発防止と未然防止は体系化された知識を活用する意味で表裏一体のものである。よって、ここでは未然防止と表現する。

「深層分析」とは私が勝手に呼んでいる手法で、なぜなぜ分析のその先にある一種の演繹的解析方法である。
「もう設計完了後の設計責任不良なんていうことは卒業したよ」という会社は別として、多くの設計現場では設計完了・出図後に DR 評価や量産工程、最悪市場から「設計責任不良」として戻され、何はさておき取るものも取りあえず、その設計責任不良に集中しなければならない「やり直し設計」という現実がある。

　このような現実に直面してまず感じることは、「これは一夜城ではない。この設計部門、会社が今までずっと引きずってきていることなのだ」である。設計者は「忙しい、忙しい……」、「日程が決まっているので……」を口にする一方、QA 評価者は「設計が悪い、設計が……」と言い、両者の言い分が飛び交っている現実は、どこの会社でもありそうな話である。

　第6章に述べる組織の壁を感じる瞬間である。
　では、どのようにしてこの現実を打破し、設計の完成度を高めていくのか。その取り組みを実際にある会社で実践した事例で説明する。

第1部　実践編

(1) データは語り掛けている

　どこの会社でもそうであると思うが、設計内部の評価・検証を終え、設計完了というイベントではQAのような設計以外の部門による試作品の評価・検証が行われる。
　不具合が発生すれば是正措置が施されることは当然であり、品質記録としてもその都度、俗にいう対策書が発行され、設計者がやり直し設計の対策を記入する。現物再評価と併せて対策が記入され、一件落着となり管理文書としてパイプファイルにきれいにファイルされてしまう現実があった。
　ここでの問題は、①対策という言葉の意味が当該現象に対する是正措置（Corrective Action）であるにもかかわらず、対策という表現で通用している企業風土、文化であるということと、②品質記録としてきちんと整理されファイルされているのは結構なことなのだが、その中身についての分析がなされていないということであった。生の声としては設計は記入して返す、QAは記入されていればファイルするで、その内容に深く切り込むことは無かった。
　マネジメントレビューにも提出されることもなく、まさに死蔵されていたことになる。
　そのことを質すと言い訳が山ほど出てくる中で、新進気鋭の特定の人のご尽力を得て、1年間の設計不良の全体像（機種別、部門別、症状別……）を把握することができた。
　不思議なことに、このレポートに対して今まで全く無関心だった上司が検印、承認印を押したがるのは、もしかしたらどこの会社でもありそうなことなのかもしれない。
　ここまでは当たり前以前の話であり、これからが「データが語り掛けていることを読み取る」ことである。そのために「設計時点で何が弱かったのか」予め弱点の分類項目を挙げ設計責任者、担当者に是正措置を行った現象一件一件についてインタビューをした。

第4章 未然防止のための対策に迫る「深層分析」

　個々の是正措置報告にある処置・対策を都度、分析するための質問項目は以下のとおり。

1. その設計部門の役割、機能は何なのか認識されているのか。言い換えれば後工程のQA評価でどのような試験があるのか、その内容を知っているのか
2. どのような項目をやり直したのか、それは既にわかっている技術内容なのか、それとも新しい技術内容なのか
3. 設計基準はあるのか、あるとしたら設計基準ではどのように規定しているのか
4. それはもともとやることになっていたのか。職場のルールになっていたのか、それとも個人の判断に委ねる個人のルールなのか
5. やることになっているがやらなかったのか、その時の判断で故意にやらなかったのか、それともルールを知らなかったのか
6. 知っていて取り組んだけれども、固有技術が未熟でできなかったのか
7. 設計という仕事の結果を確認するため、設計段階での動作・機能検証はやったのか
8. その検証で指摘症状はでていないのか、検証・確認内容はQA評価のものと同等か
9. DRではどのような評価をしていたのか

次に、設計部門として一体全体何が弱いのということをデータから炙り出した。

第1部　実践編

順位	内容	数量	プロット
			機種A
1	④設計基準無し	36	
2	⑤指摘症状未発生。動作内容がQAと相違	16	
3	④個人のルール	13	
4	④DRとしてチェック項目なし	8	
5	②やったが固有技術が未熟だった	5	
6	①製品評価での試験内容を知らなかった	4	

順位	内容	数量
		機種B
1	④設計基準無し	18
2	②やったが固有技術が未熟だった	12
3	⑤指摘症状未発生。動作内容がQAと相違	6
4	④個人のルール	3
5	⑧故意に行わなかった(ルールを知らなかった)	3
	④DRとしてチェック項目なし	3

順位	内容	数量
		機種C
1	④設計基準無し	18
2	②やったが固有技術が未熟だった	12
3	⑤指摘症状未発生。動作内容がQAと相違	6
4	④個人のルール	3
5	⑧故意に行わなかった(ルールを知らなかった)	3
6	④DRとしてチェック項目なし	3

順位	内容	数量	
			機種D
1	⑤指摘症状未発生。動作内容がQAと相違。	11	
2	④DRとしてチェック項目なし	11	
3	④設計基準無し	6	
4	②やったが固有技術が未熟だった	6	
5	④個人のルール	5	
6	①製品評価での試験内容を知らなかった	0	
7	新しい技術	0	
8	⑧故意に行わなかった(ルールを知らなかった)	0	
9	⑦動作検証未実施	0	

> 単に、パレート図が出来てもどういう弱点があるのかがわかっただけでそのままでは何も変わらない
> 設計基準が無いなら作ることを考えていく
> そのために、更に「深層分析」が必要

図4-1　是正措置から見えてくる設計の弱点

　設計責任者としてはこのようなことはうすうす感じてはいて、改めて実感したということであるが、ここからどのような行動に移すかということが重要なのである。現実は何も動きが無く互いに傷をなめ合い同病相憐れむ企業風土なのだ。

　であるから、ここからが本番、勝負である。パレート図からたくさんの取り組み項目が浮かび上がってくるが、ここでは、本質的に設計内部で固めておかねばならない設計標準、設計基準といった設計業務の手順、道筋を設計フローとして取り上げる。

(2) 初めに設計手順、設計基準ありき

　労働生産性の領域に属する製品の加工・組み立て・調整作業には、品質管理上も作業手順書が重要であるように、設計という知的生産性の領域であっても業務の進め方、思考プロセス、設計フロー、計算基準……が重要であることは言うまでもない。

第4章　未然防止のための対策に迫る「深層分析」

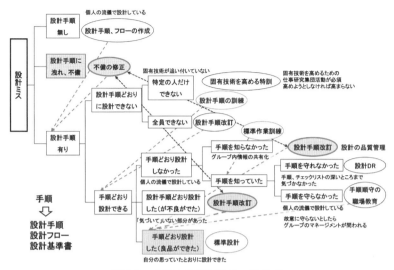

図4-2　初めに設計フローありき

　でも、一部の会社を除き多くの場合は無い、または有っても使っていない、使えない、個人の頭の中にありそのレベルたるやバラバラ、経験がものをいうのが現実ではないだろうか。
　この現実をどのように打破していくか、責任者の存在価値が問われるところだが、仮に全く無いという会社なら無くても日々設計業務はやっているという事実があるので、今やっていることを書き出すことから始めることとした。予想どおり抵抗も大きかったが、何のために書き出すのか目的意識を明確に共有し、後に述べる「仕事研究集団活動」と関連するが、作り上げるという意志を持って紆余曲折しながら作り上げてきた。
　不思議なことに、ExcelにしてもWordにしても、長い縦長の設計フローと随所にちりばめられた設計時に考慮する項目のチェックリストの姿が見え始めると、参画意識と意欲が急速に高まるものである。
　無い、無いと言っていれば誰かが作って持ってきてくれるものではないのである。

29

第1部　実践編

　大抵の会社は一時期あったが今は使っていない、古くて使い物にならないというところであろう。この場合は同じく、使えるものに作り上げるという意志を持って作り上げるのである。改訂、更新を重ねて現実に即したものに作り上げるのである。

(3) 設計不良はどうして再発するのか

　それは設計不良の発生源である設計プロセスの源泉にまで未然防止策が届いていないからである。

㈠　市場クレームであれ、社内DR評価の指摘であれ、あるいは設計内部の検証不良であれ、多くの場合、品質不良の発生責任区分の大半を占めるのは設計責任不良であろう。

㈡　当然のこととして、指摘された設計不良に対しては発生責任部門として不良現象の解析を進め、再度やり直し設計（手戻り設計）を行い、是正措置を考え出す。また検証後、改修・追加工の設計変更指示を出す（ここは純粋に技術的見地でメカニズムを解明する技術者の舞台である）。

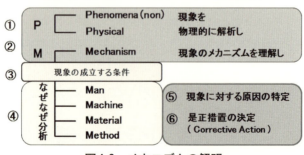

図4-3　メカニズムの解明

第4章　未然防止のための対策に迫る「深層分析」

　　メカニズムの解明では「起こっていることは物理現象だ」の認識の下、①原理、原則に則り物理的に解明し、②現象のメカニズムを明らかにする。然る後、③現象の「成立する条件」としての仮説を立て、④人、設備、材料、方法との関連性を論理的にブレークダウンするために「TREE法」でなぜなぜ分析を行い4M展開し、⑤現象に対する原因の特定、⑥是正措置の決定と進める。

　　ここでの「是正措置」はあくまで現象に対する対処であり、設計プロセスに踏み込み、そこの原因（真因）に対する対処を「対策」(Countermeasure) として区別している。

㈢　設計者は事の顛末を通称"対策報告書"に纏めるが、これがお粗末な現実がある。症状に対する是正措置で俗にいわれる"火消し Fire Fighting"に過ぎないのと、再発防止を記入する欄に至っては設計者が見ている現象の視点からの施策であり、発生源である設計プロセスに着目していないのが現実である。

　　ここに、設計不良が多いと嘆きながら何をしてよいかわからない、もしくは何もしない管理者が多いことも、また現実である。

㈣　会社によっては、不良の是正措置に対する「水平展開」や「過去トラブル帳」等をつくり、情報共有化という仕組みの中で、個別事例である「個人の暗黙知」の中からその設計業務の辿る思考プロセスともいうべき設計業務標準（設計フロー）を「グループの明白知」に置き換えて、不良の再発防止⇒未然防止を図っていることが伝えられている。

　そのキーワードは「指摘されればすぐに直せるのだから技術力が無い訳ではない」である。

　それぞれの分野の専門家を自負する設計技術者たちが設計ミスを何故起こすのか、この答えとして考えられるのが思考プロセスの中での思慮、熟慮の欠如である場合が圧倒的に多い。

　理由は、本人は設計完了と認識するが、その後のQA評価等で指摘項

目としてある現象が挙げられた場合、ほとんどと言っていいくらいそう時間をかけずにその解決策を見つけ出せるのである。つまり指摘されればすぐに直せるのだから技術力が無い訳ではないのである。

ただ、設計当初に「気づいていない」だけなのである。

だから、設計当初の「気づき」のための仕組みをつくり、うまく運用していけばよいのである。

(4) 設計業務の道しるべ（設計標準、設計フロー）

図4-4　失敗事例から学ぶ　何が抜けていたのか

(五)　一方、仕組みはあってもうまく機能していない場合の問題解決は、個別事例を帰納法的アプローチで解析し、そこから抽出した設計業務に重要な情報（Intelligence）をどのような受け皿で受け止め、それをどのようにして演繹法的アプローチで設計業務の思考プロセスに落とし込むかということに懸かっている。

㈥　新規開発領域で、Try & Error, Cut & Try で試作設計を進める場合を除き、商品設計段階では設計業務の道しるべともいうべき設計標準、基準、手順、フローが存在し、これらに沿って設計業務が進められると考えられるが、実は無かったり、あっても誰も知らなかったり、知っていても誰も見向きもしなかったり、誰かの PC に深く静かに潜っているだけ……という会社・設計現場が多々存在し、社内外の不良に悩まされているという現実に直面してきた。

㈦　未だ設計業務の拠り所となる標準が無いとしたら、それは今から作り上げればよい。

　少なくとも、今わかっていることは Open にして共有財産とし、個別事例から得られた教訓即ち「気づき」の項目（Intelligence）で標準を補強していくのである。

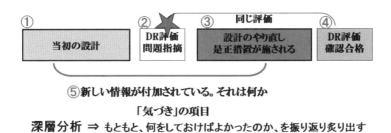

図4-5　深層分析　「気づき」の項目の抽出

　この活動の基本思想は「失敗から学習する組織風土、企業文化の醸成」である。

㈧　そのために、技術的な是正措置に留まらず、更に深層分析を行うことで、そこから当初設計時に気づかなかったことを「気づき」のキーワードとして、受け皿である設計標準、設計フローに追加していくのである。

第1部　実践編

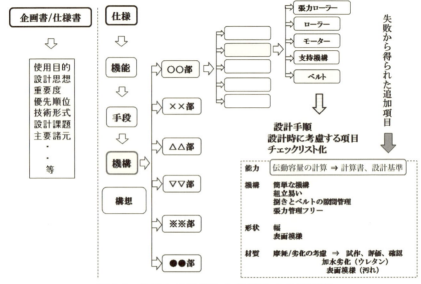

図4-6　失敗から学習した未然防止の対策例

　なぜなら、指摘されれば直すことができるのだから技術力が無いわけではなく、初めに「気づき」が無かったからである。この点に着目したのが「深層分析」である。

(5) 深層分析の流れ

① まず仕事の標準となる「設計フロー」ありき
② 通常はこれらを考慮・熟考し固有技術で「設計」している
③ QA評価（設計の妥当性検証）で指摘される
④ 是正措置の「深層分析」を継続的に行い、「未然防止のための対策」を炙り出す
　先の図4-4にある個別事例の帰納法的アプローチによる解析では7項目の質問でスタートしたが、実際に活動する設計技術者たちが7項目の意味するところを自分たちの言葉で3項目に絞り込ん

第4章　未然防止のための対策に迫る「深層分析」

だ例である
⑤　「気づき」の情報（Intelligence）が加味された設計フロー
⑥　共通的な表現の「気づき」の項目を、自分の個別機種に当てはめてみて個別機種の表現に置き換え、自身の個別機種のチェックリストを作成する（ここは「気づき」の項目に自身の魂を注ぎ込むところで重要なステップ）
⑦　チェックリストの学習を経て設計業務を行う

以上の流れを図4-7-1〜図4-7-3に示す。

この深層分析とは図4-4に示したように、個別事例の帰納法的アプローチによる解析を重ねて、あそこではこうしておけばよかった、やはりこうしておくべきだったのだという設計プロセスでの考慮すべき項目を抽出しておき、一転して、ではもともとどうやっておけばよかったのかという演繹的アプローチによる解析に切り替えることである。

指摘症状に対するメカニズムの解明と是正措置に留まらず、そこから設計プロセスに一歩踏み込んで未然防止のための対策に迫るのである。

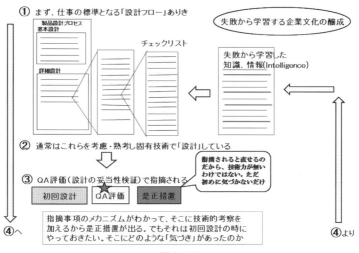

図4-7-1

第1部　実践編

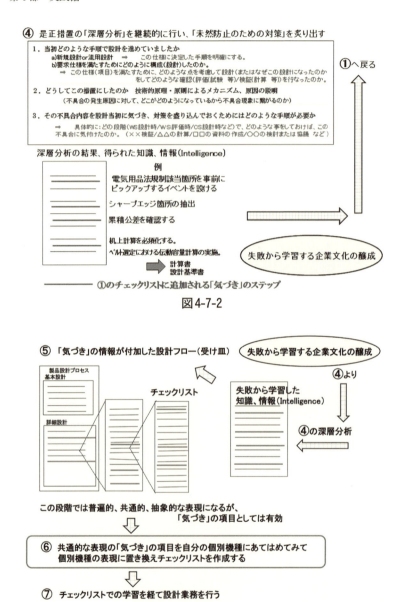

図4-7-2

図4-7-3

この２年間、着々と貴重な知識が積み重ねられてきているが、現在進行形のため、その内容については割愛する。

「こんな面倒なことをしなくても最初から分かっていればいいのでは」という意見もあろうかと思うが、この最初から分かっているということが頭の中では簡単であっても、実際は難しいことなのである。最初から分かっていれば、設計としてはとてもすばらしいことである。

でも、現実は最初から分かっていないから設計不良となり、やり直し設計が発生しているのである。だからこそ「失敗から学習する組織風土、企業文化の醸成」に取り組むのである。

一言居士の評論家なら「その会社の技術者という人たちのレベルが低いのだよ」という指摘で終わってしまうが、内部から見れば個人のみならず大袈裟に言えば、その会社を取り巻くステークホルダーの「人生」が懸かっているのであるから、技術レベルを高めていかなくてはならない。

技術レベルを高めるためには経験を積み重ねることも重要なことであるが、時間軸に身を委ね、OJT の美名の下、職場で「放し飼い」になっている現実はないだろうか。

知識は獲得しようとしなければ獲得できないのである。

従って、失敗から学習する組織風土、企業文化を醸成していくことも重要であるが、一方で、積極的に未然防止のための知識の積み重ねをすることが重要である。

そのための手段として、従来からある伝統的な手法に一工夫を加え自社流の Advanced FMEA を開発し、「深層分析」と並行して実践しているので、次章にて Advanced FMEA について述べる。

第5章　独自に工夫したAdvanced FMEAの実践

　繰り返すが、「知識は獲得しようとしなければ獲得できない」のである。

　では、獲得しようとする意志をどのようにして行動に移していったらよいのであろうか。

　少なくとも、受動的、待ちの姿勢でInputされるのを待っている悠長な世界ではないことは確かであるから、積極的、攻めの姿勢で探し出してこなくてはならない。

　探し出すという意味は、既に分かっていることで周知の事実となっていることでも会社にとっては未知の分野のこともあるから、探し出し、会社内部で共有し、参照できるような仕組みを構築することに他ならない。でも、自社に必要な知識がその辺にゴロゴロ転がっているわけでもなく、仮に転がっているようなものなら最低限それらは整理され、集大成され、業務上の共通知識として共有されていなくてはならない。

(1) なぜAdvanced FMEAが必要なのか

　よく知られているように、FMEAとはFailure Mode and Effects Analysisの略で、開発・設計段階の品質管理ツールとして用いられており、ISO/TS 16949のコアツールとして位置づけられている。

　1960年代、米国グラマン社による米海軍機の水平尾翼操縦系システムを事例としたFMEAに端を発する伝統的なFMEAは、信頼性技術の一翼を担いその広がりをみせていた。

　1993年Chrysler, Ford, General Motors 3社によるSAE（Society of Automotive Engineers）のSAE-J-1739としてReference Manual First Editionが発行され、より開発・設計段階の色合いを濃くしてフォーマットが変更

されて現在4th Edition (2008) となっている。[11]

　そのような中で、ではなぜ一工夫を凝らした独自の Advanced FMEA が必要なのか。それは FMEA を進めていく上でよく陥り易い「落とし穴」を避けるためである。
　その落とし穴とは「原因系が決め打ちされてしまう」ことで、原因系の項目が見逃されてしまうという弊害を排除するためには、原因系になぜなぜ分析を組み込み、TREE 図で原因系の全体像を明らかにすることが必要である。

　もとより、FMEA は表題に Potential と名が付くように潜在的な故障を想定し、その対策を事前に取っておくという典型的な未然防止の手法であるから、故障モードをどれだけ多く炙り出せるかが鍵となる。
　でも、その想定外の現象を想定するにしても、Input の無いところに Output があるはずも無く、結局は今まで経験してきた事の域を出ないのが現実ではないだろうか。
　ましてや、原因系に至っては過去の経験を頼りに原因の「決め打ち」が行われている。
　従来型といい、ASE 型といい、フォーマットとしては故障モードと原因が一対一の関係にあるが如く、原因を一つに絞っているかの如く見えてしまい、図らずも故障モードに対する原因を一つに絞って記入するのだという先入観で FMEA シートの作成作業を進めてしまいがちである。

---

[11] Potential Failure Mode and Effects Analysis, SAE-J-1739, *Reference Manual Fourth Edition*, June 2008

第1部　実践編

A	B	C	D	E	F	G	H	I	J
製品構成品部品	故障モード	故障の影響	重大性SEV	原因	発生頻度OCC	現状での管理方法	検知もれ度DET	危険優先度数RPN	恒久対策

従来型フォーマット

製品構成品部品	要求される機能	故障モード	故障の影響	重大性SEV	原因	設計段階での現在の管理方法		発生頻度OCC	検出	検知もれ度DET	危険優先度数RPN	恒久対策
						予防	検出					

SAE型フォーマット

図5-1　従来型、SAE型フォーマットサンプル

　すべからく、物事には順序というものがあり、いきなり潜在的な故障（Potential Failure Mode）を想定、抽出し事前対策を考えるにしても、個々の故障の想定原因追究が"つまみ食い"であったり、対策ジャンプの決め打ちであったりしたら、それは個人の経験則に基づく知識に頼った「原因」であり、基本思想であるPotentialな原因すら素通りしてしまいかねないのである。

　その結果、FMEA自体が「経験則に頼った形式的なシート作成作業」に終わってしまい、FMEAシートは出来上がっても、そこには技術者の経験則が書き出されたというだけで、技術者は「これが何の役に立つのか」という気持ちで心ならずも作業をしているという現実があるのである。

　そこには、本質的な技術者の豊かな知識、叡智、想像力は感じられない。

(2) 原因系をなぜなぜ分析でTREE化し全体像を見る

　そのために、SAE型フォーマットにはいくつかの工夫を入れてある。

　一つは製品、構成品、部品といった構成品それぞれについて、その役割、果たすべき機能を記入する列を組み込んだことである（図5-2 Advanced FMEAフォーマットの①部）。

　二つ目はいきなり故障モードを書き出す前に故障の現象そのもので表現し、然る後、故障モードを記入する。故障モードという概念がなかなか見当たらない現象もあり、その場合は、現象そのものでもよしとする（図5-2　Advanced FMEAフォーマットの②部）。

　三つ目はAdvancedと命名した大きな理由になるが、原因系をなぜなぜ分析でTREE展開し、一つの現象に対する原因系の全体像を明らかにすることである。

　よって、個々の原因に対する評価、検証を行い、現状の対応で安心できるのか否かを明らかにしてくれるものである（図5-2　Advanced FMEAフォーマットの③部）。

　一見するとSAE型そのものと変わらないように見えるが、原因系の欄をExcelのグループ化機能で必要な時に見られるようにしてある。

　一つの現象、故障モードに対して、TREEで展開されることにより異種、多様な原因があることにまず「気づく」ことが重要であると認識している。

　ちなみに、FMEAの中で用いられる重要度、発生頻度、検知もれ度の配点表は従来型、ASE型、Advanced型共に共通で変わらないが、次の点を強調している。

　　　重大性：その原因による故障が発生した場合、顧客に与える影響
　　　　　　　の大きさは？
　　発生頻度：その原因による故障の発生頻度はどのくらいだろうか？

第1部 実践編

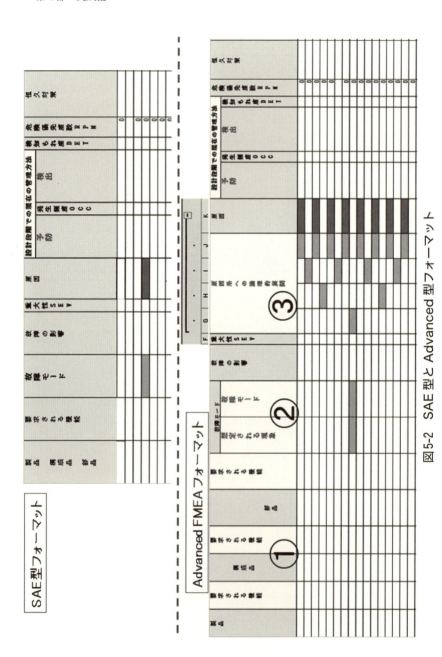

図5-2 SAE型とAdvanced型フォーマット

第5章 独自に工夫した Advanced FMEA の実践

設計部門内でその原因に対する予防、考慮がどのような方法でどのくらいできているだろうか？（個々の原因に対する Fail Safe, Fool Proof 設計……）
検知もれ度：量産以降に発生する可能性のある故障の原因を、開発・設計段階で検出する管理手法がどのような形でどのくらいとられているだろうか？

重大性(Severity) その原因による故障 と置き換える　　簡便法

配点	影響度	詳細
10	危険	前兆なく、人命の安全性に影響する故障が発生する。
9	〃	前兆はあるが、人命の安全性に影響する故障が発生する。
8	大	顧客が大きな不満を持つ。
7	〃	顧客が不満を持つ。
6	中	顧客が不快感を持つ。
5	小	顧客の一部が不満を持つ可能性がある。
4	〃	ほとんどの顧客が不良を見つける。
3	軽	通常の顧客が不良を見つける。
2	〃	目の肥えた顧客が不良を見つける。
1	全くない	影響は全くない。

簡便法
5 人身事故、物損事故のような安全上の致命故障
4 製品の機能停止のような重大故障
3 製品の機能低下を招くような中程度の故障
2 外観機能を低下させるような軽微な故障
1 顧客が気がつかないような軽微な故障

図5-3　重大性

発生頻度(Occurrence) その原因による故障 と置き換える　　簡便法

配点	故障発生頻度(可能性)	詳細
10	非常に高い	故障発生はまず避けられない。
9	〃	
8	高い	類似プロセスでよく故障が発生している。
7	〃	
6	中程度	
5	〃	類似プロセスでたまに少量の故障が発生している。
4	〃	
3	低い	類似プロセスで単発の故障のみ発生している。
2	非常に低い	ほぼ同一のプロセスで単発の故障のみ発生している。
1	全くない	故障はまず起こらない。ほぼ同一のプロセスで故障発生したことがない。

簡便法
5 故障の発生がほとんど確実であるもの
4 類似製品の実績で故障が多発しているもの
3 故障の発生の可能性のあるもの
2 類似製品の実績で故障の発生が低いもの
1 故障がほとんど起こりそうにないもの

5 1/日　頻繁に
4 1/週　時々
3 1/月　たまに
2 1/年　希に
1 まず発生しない

図5-4　発生頻度

検知もれ度（Escaped Detection） その原因による故障 と置き換える

簡便法-1

配点	故障の検出力			
10	故障は検出不可能である	現在の設計管理では検出不可能である		
9	故障は設計段階で検出できそうにない	設計管理で検出できる可能性は低い。 仮想解析が実際の動作条件に対応していない		5
8 7 6	故障は設計完了後、量産開始前に検出できる	設計検証・妥当性確認が行われている	合否テストを実施している 耐久試験を実施している 劣化試験を実施している	4
5 4 3	故障は設計完了前に検出できる	信頼性試験などの妥当性確認が行われている	合否テストを実施している 耐久試験を実施している 劣化試験を実施している	3
2	仮想解析が実施されている	設計管理が十分な検出能力を持っている 仮想解析が実際の動作条件に対応していない		2
1	予防管理が実施されている	予防管理で故障とその原因が発生する可能性がない		1

図5-5　検知漏れ度

　この作業を設計技術者にグループワークさせてみると、意見を言う人、黙ってしまう人、主導権を握ろうとする人、傍観する人、……様々な人間模様が見えてくる。

　実はここにも技術レベルの差、知識の差がハッキリと見えてくるのである。

　従って、次の第6章で述べる仕事研究集団活動が、その重みを増してくるわけであるが、図6-4（p.51）に示すように少なくとも職場内でわかっていることは共有している状態にしたいものである。

　そのための手段として、Advanced FMEAシートを使い、現象に対する原因系の全体像を明らかにする作業をグループで実施すれば、後発、後進の人にとっては恵まれた時間を得たことになる。

　先発、先進の人は既にわかっていることはもちろんの事、更にこんな可能性もあるのかなと想定外の事を考えるようになり、原因系をしっかりと把握することが出来るのである。

　実際、これは大阪、東京のある企業の設計技術者に2年間にわたって実践してもらっていて、対策ジャンプ、原因の決め打ちは無くなり、ま

ずは全体像を見てから一つ一つ検証しながら可能性の高い原因を絞り込んでいく習慣、癖が組織風土、企業文化として定着してきた。

　前の第4章で述べた「失敗から学習する企業文化の醸成」「深層分析」の流れを一つの大きなフィードバックサイクルと位置づければ、この「Advanced FMEA の実践」は小さな短期間のフィードフォワードサイクルに位置づけられる。

　繰り返すが、技術レベルを高めるためには経験を積み重ねることも重要だが、時間軸に身を委ね OJT の美名の下、職場で「放し飼い」にしている現実はないだろうか。

　積極的に技術レベルを高めるという意志を持って、未然防止のための知識の獲得に挑戦していかなければ知識は獲得できない。今までと何も変わらない。

「でも、何をしたらよいかわからない」という方々のために次章で「仕事研究集団活動」について述べる。

第6章 品質とはマネジメントそのものではないか

「技術にも品質があり、品質はコストである」との考えの下、設計完了後に発生するやり直し設計に着目し、設計の知的生産性は測られているか、管理されているか、やり直し設計を削減していくために、即ち知的生産性を高める一つの方策としての設計の道しるべ（設計標準、設計フロー）について、その考え方と設計の現場で実践してきた経過について述べてきた。

しかし、これはあくまで一つの切り口であって、決してすべてをカバーするものではない。図4-1に示したように、やり直し設計の原因となる設計内部の弱点は多岐に亘る。

よって、これらの管理者が認識している弱点を排除する活動を進めていかねばならない。当然、一斉に手あたり次第に取り掛かれるわけもなく、すぐに片付けられる手軽なものはすぐに取り掛かるとして、優先順位の高いものから取り組むことになる。

認識された弱点	対応する施策
設計基準（手順）無し 個人のルール	設計のよりどころとなる設計手順を確立する <small>帰納法的アプローチで個別事例の解析 ⇒ そもそもこうあるべきの演繹法的アプローチで作成する　途中経過月次確認</small>
QA評価での評価内容を知らなかった 設計とQAで評価内容、解釈が異なる	設計プロセス改善　上流でのイベント管理を設定 <small>安全規格の解釈（電安法、VCCI、Shape Edge…）</small>
DRのチェック項目なし ⇒	設計プロセス改善　DR内容（項目、密度）の吟味 <small>FMEAの実践展開と並行して、設計プロセス改善の中では重要項目　DRチェック項目の定期的見直しの仕組み</small>
動作検証未実施 故意に職場のルールを守らなかった	職場のルールと検印、承認という管理実態調査 <small>実施しなくても先に進めることができる現実がある。決められたことは実施しないと先へ進めないという「仕組み」をつくる</small>
やったが固有技術が未熟だった 新しい技術だった	技術レベル向上の施策　仕事研究集団活動 <small>慢性不良として誰も手を付けずに諦めている問題…例として　静電気、SKEW</small>

図6-1　深層分析から見えてきた課題

このような課題に対して改革・改善を進め、業務の変革を進めようとするが、そこには目に見えない組織の壁が潜んでいることが多く、どこの会社にもありそうな話である。
 ここでは社内で行動を起こす時によく直面する障害について、第4章の実践例の舞台ではどのように進めてきたかを紹介する。

(1) 伝統と変革

 もとより、会社には創業の精神が存在し、それに則り企業活動を展開し、ステークホルダーとWin-Winの関係を持ちつつGoing Concernとして企業の維持・発展を目指すわけであるが、中でも特に重要なのが顧客であろう。
 多くの企業の企業理念、社是、社訓……には「お客様第一主義」が掲げられていて、その実現に向けて現実との乖離に日々苦闘・努力を続けているのが正直なところであろう。

伝統	変革
守っていくべきは 〇〇社の経営基本理念 行動指針 顧客を ガッカリさせてはいけない （当たり前品質の確保）	変えていくべきは 顧客をガッカリさせてきた 悪しき陋習からの脱却 内心は、これではいけないと思いつつも、今まで こういう慣わしだから仕方ないに流されている現実

図6-2 活動の本質は「悪しき陋習からの脱却」

 品質に関する様々な活動の原点は、まさにこの「お客様第一主義」であり最低限「当たり前品質」を世に送り出すことが要求されているのである。
 社員手帳または胸のポケットの中のカードに書く、あるいはワッペンを着用したり、毎朝朝礼で全員唱和したり……方法は様々であるが、ひ

第1部　実践編

とえに周知徹底を図ろうとする姿勢が窺えて、それは伝統という視点からはとても良いことである。

だが、往々にして全員唱和していても客先クレームが減る気配もない会社があることも、また事実である。唱和すること自体が仕事となり、唱和したことによる安心感が、現実との乖離を縮める手段としての「変革」という視点を弱めてしまうのかもしれない。

いずれにせよ、結果として社内に変革が起こっていかないと保守的な硬直した組織となり、いずれ消え去っていくであろうことは容易に想像できる。

では、変革の原動力となるものは何なのか。もちろん Top Down で号令がかかればよいのだが、もし号令が出ていれば、少なくとも当たり前品質は確保しているであろうし、できていなければ、それは関係スタッフの不作為の罪であろう。

一方、何かしなければと思いつつも陋習(ろうしゅう)との板挟みの中で、内心 Top の号令を待ち望んでいる管理職がいることも周知の事実である。では、どうしたらよいのだろうか。

私は管理職の仕事は「魅力的品質」の提案であると思っているので、後で述べるホワイトカラーの小集団活動である「仕事研究集団活動」を仕掛けていくことを提案している。

(2) 組織の機能的役割と責任

製造業の売り上げは、研究開発・設計された商品機能を生産部門が商品の形にし、顧客にその対価を払ってもらって得られるものである。このことは極めて単純なことであるが、意外にも会社の組織内では、時としてこのことが忘れ去られている場面に直面する。

営業部門を顧客側に位置づければ、会社の基幹プロセスは開発・設計と生産部門であり、それらはプロフィットセンターである。一方、その生産活動を支援するために会社には多くの支援部門が存在するが、その

存在意義は支援する役割を期待されているからであり、それらはコストセンターなのである。

一応、職務分掌規程なるものは存在するが、その中身たるや抽象的であり大体こんなことをやる部門といったところで、責任の所在たるや双方顔を見合わせる場面を見たのは少なくない。

なぜこの話題になるかというと、組織の機能的役割と責任の認識が、会社の組織形態によって薄められてしまっている場面に直面するからである。

往々にして、会社の組織形態はFlatである場合が多いが、その中身の機能的役割は基幹プロセスと支援プロセスであり、プロフィットセンターとコストセンターなのである。

このこともとても単純なことなのであるが、組織形態がFlatであるがゆえに部門の発言力が強いところ、弱いところができて、その力関係は自然と部下達に浸透していき、そこに組織の壁ができるのである。

不思議なことに組織の壁ができると、自部門の職務領域を自部門で決めてしまい、支援部門の役割と整合が取れない状態が生じ、会社内に機能と責任の不明確な業務、空白地帯が発生してしまう。間接支援部門の留意すべき点である。

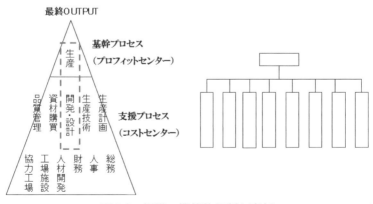

図6-3　組織の機能的役割と責任

過去、このような場面に直面し、支援する機能をそのまま支援を受ける基幹部門の中に組み込んだいくつかの事例を手掛けてきた。例えば、生産技術の中でも製造に近く、直接関係の強い生産技術部隊を製造の指揮下に置くことにより、頼まれなくても自ら製造部門を支援する立場に位置づけ、動き易くし、効率改善に繋げたケースである。

(3) 品質目標は誰の目標か

品質目標はとかく「会社の目標、みんなの目標」になってしまうきらいがある。

先に述べた手帳、カード……時には大きな看板が掲げられ、そこには社是、品質方針と共に品質目標も書かれているが、その社内展開がどのようになっているか質問してみると、教科書的な定性的な返答、ブレークダウンして自分の目標に落とし込んだものは返ってくるものの、①具体的な組織的取組、即ち自部門の品質目標、自グループの目標と展開されているかどうか、②ひいては上位目標に対して整合性がとれているか、これはそれぞれの部門があたかも雨後の竹の子の如く勝手に決めている場合が多く、全体を取り仕切る役割が不明確な会社が多いものと推察する。③例えば全社の品質会議というような場で各部門の進捗を報告させ、月次マネジメントレビューに上程するような仕組みがあるか、回っているか、品質マニュアルと品質記録、議事録を見れば、すぐにその中身を暴くことが出来る。

よく支援業務である品質部門が品質数値目標を掲げているのを目にするが、工程の、製品の品質を生み出しているのは基幹業務である開発・設計、生産部門である。

「品質は設計に根源し、製造にてつくり込まれる」のである。

よって、品質目標は基幹業務を担当する部門の事業計画上の目標でなければならない。

生産部門で自部門の事業計画を達成するためには、生産性を向上させ

ねばならず、生産性向上のためには品質向上は必須の活動となり、自ずと品質目標は自部門の目標となる。

自部門の品質目標だが、その中身は"設計が、部品が、外注が悪い"と嘆く声がよく聞かれる。自部門の目標達成のために該当部門を動かせばよいのである。遠慮は無用である。

開発・設計部門は、①設計責任の市場クレーム、②設計完了後のやり直し設計、③設計内部の手戻りを品質目標とし、品質会議等に諮り、月次レビューという仕組みを回していくことである。

(4) 個人の「暗黙知」をグループの「明白知」にする

会社は組織、グループで仕事をしている。設計のOutputとしての技術レベルはグループのOutputであり、設計部門のOutputでもある。設計の最前線では、ベテラン社員だからとか若輩社員だからとの理由で技術レベルの差が容認されることはない。

よって、技術レベルの差、業務遂行能力のバラツキを無くしていく活動が必要になる。即ち、個人の持っている知識、Know Howをグループの知識、Know Howにして部門の共有財産とすることが求められる。

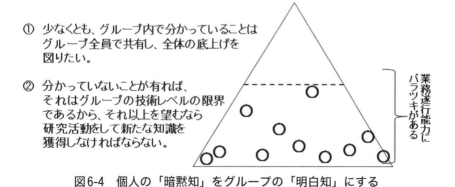

図6-4　個人の「暗黙知」をグループの「明白知」にする

このことを管理者の視点から見た場合、昔から「部下の育成は管理者の重要な仕事」と言われているが、確かに部下たちの仕事の成果で管理者が評価され、その結果、部下たちに押し上げられる形で昇進していく構図であるから、底辺を底上げすることは重要な課題である。

しかるに、現実はOJTの美名の下、同じ時間軸で放し飼いにしてはいないだろうか。

一方、ベテラン実務担当者の視点からは、設計の最前線での「気づき」の項目の必要性は理解しつつも、当面、個人の頭の中に入っている知識で設計は進められるので、面倒、余計なことはしたくない……じっとしていることがお利口さんといった陋習(ろうしゅう)の典型的行動パターンが出てしまう。その背景には、自分だけがわかっていることを吐き出してしまうと、グループにおける自分の存在価値が無くなってしまうのではないかという心配もあるようである。

しかし、その心配はご無用なのである。利己的、独善的な上司の場合は例外であるが、一般的には部下は業績で上司を押し上げて上司の昇進と共に自分も引き上げてもらう立場にあるのだから。

(5) 設計不良は未然防止できる。しようとしていないだけ

繰り返すが、症状を指摘されれば直せるのだから、技術力が無いわけではない。

現象に対する是正措置(Corrective Action)に留まり、未然防止のための設計プロセスの発生源に対する対策に迫っていないだけなのである。よって、メカニズム解明の後に、設計プロセスに戻り「気づき」のための「深層分析」を行い、設計プロセスに未然防止の対策を打っていくのである。

第6章　品質とはマネジメントそのものではないか

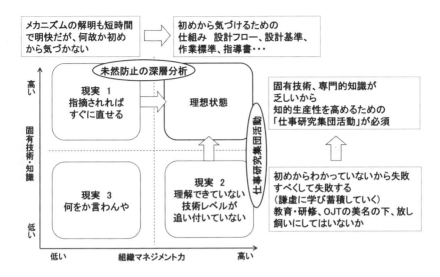

図6-5　技術力、管理力　双方からのアプローチは必要

　管理力、即ち組織マネジメントの面では、まさに気づきのための道しるべを整備しておくことであり、設計完了後に設計不良として指摘された現象から、是正措置に留まらず、そこから一歩踏み込んで自設計部門の弱点を洗い出し、そこから出てきた課題に深層分析を行って未然防止の対策に辿り着ける。

　一方、技術力、即ち固有技術・専門技術の面では、その会社の"売り"、コア・コンピタンスと密接に関係する技術力の問題であり、業界ではずば抜けていることが企業存続のために要求されるが、ここでは新規技術開発を云々するのではなく、やり直し設計の範疇で問題となるレベルを取り上げている。

(6) 知識は獲得しようとしなければ獲得できない

　やり直し設計の分析の中から、普遍的な、陳腐な技術問題があることも事実であるが、管理力で補えるものは別として、昔からある慢性不良

第1部　実践編

というものは「技術力を高めてよ」という課題を突き付けていることになる。多分、今までにも勇敢に立ち向かった人もいたであろうが、結局は"陋習"に飲み込まれ、陽の目を見ずに消えていってしまったのであろう。

昔からあって、これからも続くであろう慢性不良に対しては、技術力向上を目指す「仕事研究集団活動」を仕掛けている。

図6-6　技術者の仕事研究集団活動
出典：篠田修『TQC強化法』日刊工業新聞社　1985

「知識は獲得しようとしなければ獲得できない」のである。

年月が経てば経験を積んで技術力もついてくるという時代ではない。それでなくとも技術の進歩についていくのに必死なのに、何をかいわんやである。

仕掛けるという意味は、①課題を与え続けること、②個人でなくグループで考える場面を支援すること、③課題の出しっ放しでなく適宜報告会、発表会を設定すること、④継続すること、⑤部下にやらせっぱな

しにしないで、時には上司としての知識の広さ、深さ、豊かさを披露することである。

多分、「忙しい」「忙しいから無理」といった声が出てくることだろうが、"忙しいからやるんだよ"と一喝できるくらいの本気度を見せなければならない。

部下達は"2〜3カ月じっとしていればそのうち消えていくよ"……といった調子で、まずは「上司の本気度」を見抜こうとしているのだから。

ホワイトカラーの、特にエンジニアの小集団活動は比較的やりやすいと思っている。理由は、技術という共通土壌の上での技術論の討議であり、否が応でも技術者のプライドに働きかけるからである。

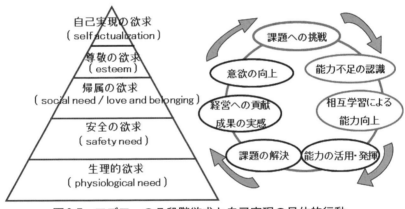

図6-7　マズローの5段階欲求と自己実現の具体的行動

もちろん、帰納法的アプローチによる個別事例の解析から多くの事を学ぶことが重要、且つ前提であり、演繹的アプローチで、そもそもどのようにしておいたら良いのかを編み出すのは、研究である。学ぶこと（Learning）と研究すること（Study）は、全く概念が違うのである。

そもそも、自社の技術問題の解決策がそのまま巷にゴロゴロしているはずもなく、自社の技術課題は自社で研究して開発していくのが技術者

第1部　実践編

の小集団活動、即ち「仕事研究集団活動」である。

　常日頃から課題を抱えそれを絞り込んで考えていると、思わぬ場面でパッと閃く瞬間に出くわすことがある。馬上、枕上、厠上とよく言われるが、私の場合は枕上が多い。

図6-8　研究して発想する知識
出典（左）：篠田修『TQC強化法』日刊工業新聞社　1985

(7) 隗より始めよ

　特にホワイトカラーの少集団活動はそうだが、1980年代のかつてのQCサークルに代表される小集団活動とは一線を画し、個別最適から全体最適の課題に取り組み、自主的とはいっても業務遂行のために必要な知識を研究するという「プロジェクト活動」の意味合いが強い。

　プロジェクト活動として技術者の自己実現の欲求の表現の場となればよいのである。

第6章　品質とはマネジメントそのものではないか

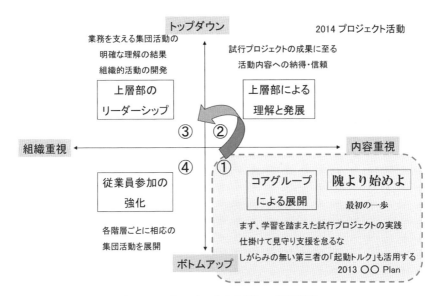

図6-9　プロジェクト活動の成長経路

出典：Don Clausing 著　富士ゼロックス TQD 研究会訳『TQD Total Quality Development』1996

　会社の仕切り役がお膳立てをし、レールを敷いてくれている場合は別として、多くの場合は必要に迫られて自然発生的にプロジェクトチーム、グループができる場合が多い。

　まずは、コアグループを仕掛け、コアグループから動き出すのである。学習を踏まえた試行プロジェクトで結構。案ずるより産むがやすし、動き出すことが重要である。

　ここで大切なのは、誰が仕掛けるかということであるが、当然のことながら上司である管理職が外部の力を利用してでもその意思を態度で示さなくてはならない。

　不思議なことに、スタートしてしばらくして内容・成果が見え始めると、今まで寄り付きもしなかった管理職が"俺も仲間だ"と言わんばかりにすり寄ってくるから面白い。

① コアグループによる展開は、まさに産みの苦しみを味わいながらも成果を見せていくと、
② 上層部による理解と発展の段階に入り認知されるとともに期待度も高まり、
③ 上層部のリーダーシップによる全社展開が期待できる。

指示待ち族にとっては仕事＝作業であろうが、強固な意志と課題を持つ管理職にとっては仕事＝作業＋改革なのである。

第 2 部

組織的取組編

第7章 どのようにして品質経営を進めていくのか

(1) 企業の品格を問う「経営品質」

　1980年代、当時はまだ「モノづくり」という言葉は無かったが、工業製品の輸出に支えられた製造業を中心とした経済活動は成長期の真っただ中にあった。

　かつての「安かろう悪かろう」の時代から製品の質の良さ、作り方の生産性の高さで世界の中で勝負できる時代へと脱皮していたその原動力となっていたものは、QCサークルに代表される小集団活動であったことは多くの人が認めるところであろう。

　当時、米国のNBC局で放送された"*Japan Can, Why Can't We*"は日本ではNHK特集として『日本に出来てなぜアメリカが……』というタイトルで放送された。

　折しもQCサークル活動の渦中で活動を推進していた当事者としては、この番組から強力な後押しを受け、自分たちの活動に自信を持つと同時に誇りにさえ思えたことを覚えている。

　これは生産現場から見た一局面に過ぎないが、当時「Japan as Number One」で賞賛されるまでも無く、間違いなく1980年代は生産性で日本がリードした時代で、アメリカの生産力は弱体化していた。

　このような背景の中、MIT産業生産性調査委員会は、1986年に発足してから2年間に亘って米国、日本、欧州の20社を調査し、米国の企業は深刻な生産性の問題を抱えている……との結論を下す一方で、その危機感の強さの表れか、1987年時のレーガン大統領が「国家品質条例」を承認し、この法律に基づいて翌1988年に米国の国家品質賞である「Malcolm Baldrige National Quality Award」（MB賞）が創設された。

　かつての日本企業が米国の経営を学んだのとまったく同じやり方で、

今度は米国企業が日本的な経営管理（QC、デミング賞、全員参加のTQC、ZD 運動……）を徹底的に研究した上で、更にシステマチックに企業経営の全体の枠組を決めて、戦略から実行までの大きな流れをきっちりとした方法論で立ち上げ、それに基づいての「経営の品質」を改善するというものである。

この「経営の品質」とは、製品の品質とか現場の品質とかではなく、「経営の質の良さ」「経営の Quality」を意味する。

もともと「Quality」という言葉を日本語で「品質」と訳したために、目に見える具体的な品物をイメージしがちなのだが、もともと「Quality」とは「質の良さ」という意味だから、経営の Quality、業績の Quality 等、抽象的なものに対しても Quality という考え方ができるわけである。

1996年、日本では Malcolm Baldrige National Quality Award（MB 賞）を参考にして、日本生産性本部により「日本経営品質賞」が創設され、2016年で創設20周年を迎えようとしている。毎年2月に日本経営品質賞の表彰式が行われ、この間、幾多の変遷を経てきたが、その賞のねらいとするところ、目指すところは「卓越した経営」（Performance Excellence）である。

この卓越した経営を目指すための基本的考え方として、「4つの基本理念」が挙げられている。

- 顧客本位：目的は顧客価値の創造。価値の基準を顧客からの評価に置く
- 独自能力：組織の「見方」「考え方」を学習して独自能力を身に付ける
- 社員重視：組織内のすべての人がオーナーシップを以て創造性を発揮する
- 社会との調和：社会に貢献し、社会から信頼される

ここで組織という言葉が用いられているが、それは企業、団体、行政機関……を総称しており、以下「組織」で表現している。

第7章　どのようにして品質経営を進めていくのか

　更に、これらの基本理念を具体的な行動として表現していくために、次の「９つの重視する考え方」を掲げ、思考、行動の規範としている。

　　１．コンセプト　　２．変革　　３．価値前提　　４．プロセス
　　５．創発　　６．対話　　７．戦略思考　　８．ブランド
　　９．イノベーション

　「目指す姿」、「４つの基本理念」、「９つの重視する考え方」は経営品質向上を進めていくための概念を構成している。
　基本理念の４要素を同時に満たす「卓越した経営」を目指すために、どのように考えたらよいのかが「９つの重視する考え方」である。
　この概念構成で明らかになった理想的な姿を具現化するために、「フレームワーク」を活用する。
　経営品質を向上させていくには、どの組織にも共通して当てはめられる枠組を用いて経営全体をアセスメントすることが重要で、その枠組が「フレームワーク」である。
　「フレームワーク」も創設当初から幾多の変遷を経てきたが、基本的に「組織プロフィール」と「８つのカテゴリー」で構成されている。
　「組織プロフィール」とは８つのカテゴリーの基盤となる位置づけで、組織の「理想的な姿」に対して、①提供する価値、②顧客、③競争、④経営資源について、現状と将来の経営環境の変化を整理して、今後の変革の方向性や経営課題を明らかにするものである。
　「カテゴリー」は、どの組織にも共通する経営全体を見る要素を８つに分類したもので、それぞれのカテゴリーから経営活動の状態を多面的に評価するとともに、カテゴリー間の繋がりも見ることで複雑な要因が絡み合う課題を多様な視点で深く掘り下げることができる。
　各カテゴリーは更に区分された17のアセスメント項目で構成されており、実際の審査におけるアセスメントは、このアセスメント項目単位で実施される。

第2部　組織的取組編

　各カテゴリー毎に配点があり、全体で1000点満点の配点でアセスメントを行うことで「組織の成熟度」がわかる。
　各カテゴリーは図7-1の通りであり、ちょっと複雑なので思い切って単純化すると図7-2のようになるであろう。

1．リーダーシップと社会的責任（150）
2．戦略の策定と展開のプロセス（50）
3．情報マネジメント（50）
4．組織と個人の能力向上（100）
5．顧客・市場理解のプロセス（100）
6．価値創造プロセス（100）
7．活動成果（400）
8．振り返りと学習のプロセス（50）

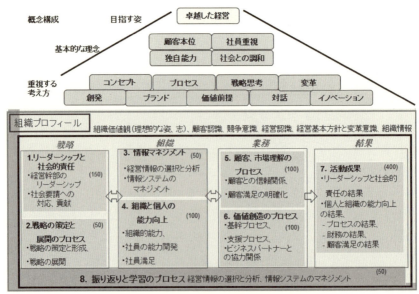

図7-1　日本経営品質賞の概念と構成
出典：日本経営品質賞　アセスメント基準書

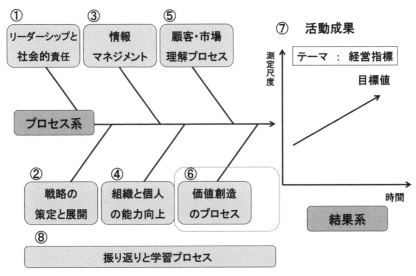

図7-2　経営品質　プロセスと結果の関係

(2) 経営品質における品質保証体制の位置づけ

「経営の質の良さ」という観点から、製品に代表される顧客に提供する価値の良さを論ずる場合、カテゴリー6の「価値創造のプロセス」に軸足を置くことになる。

ここでは基幹プロセス、支援プロセス、ビジネスパートナーとの協力関係が取り上げられ、その成果物としての製品が顧客満足につながる品質状態にあるかということが焦点になる。

あくまでも顧客満足が目的であるから、社内、組織内の生産性、収益性は手段として捉えられる。

ここで一句、
　　　もの云わぬ　物がもの云う　モノづくり

「モノづくり」という言葉が意識して使われるようになった昨今、私た

ちの知恵、技術で作り出した製品が、その作り方、すなわち知恵、技術が上手だったのか、下手だったのか、その製品が語り掛けているよという解釈である。

他のカテゴリーも相互に絡み合い、支えられてモノづくりのプロセス（商品化プロセス）が上手に回るマネジメントが望まれる姿である。

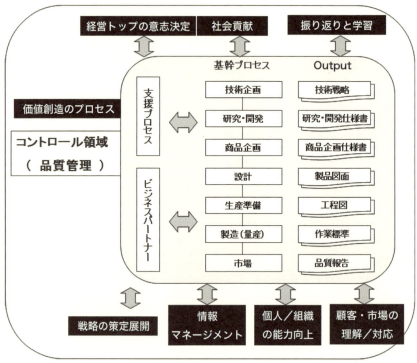

図7-3　マネジメント領域

このマネジメントを上手くやっていくために必要なのが「品質保証体制」の構築と運営であろう。

「品質保証体制」という言葉から連想するものは、ISO 9000品質システムやシックスシグマが挙げられるが、いずれも必要条件ではあっても十分条件ではない。

ISO 9000品質システムの認証登録を終えた企業から耳にした言葉で、「ISO 9000をとったが品質は一向に良くならない」がある。これは元々目的が違うからである。

　ISO 9000品質システムの目的は、あくまで企業活動（製品及びサービス……の品質活動）の外部に対する透明性なのである。統一基準で審査、認定されているという証しは外部から見て安心感に繋がる。2000年の改訂で強調された「継続的改善」のサイクルを回すことこそが、品質向上を生み出す原動力なのだ。後ずさりしないための楔の役割には好都合だが、継続的改善が進まない限り、それは透明性のための文書化に甘んじ、中身は旧態依然とした管理状態が続いていることであろう。

　継続的改善の有効な切り札として、シックスシグマのプロジェクト活動は有効である。経営幹部（チャンピオン）の打ち出すビジネス上の重要な課題（製品の品質上の問題も含めて）に対して、プロジェクトマネージャー（ブラックベルト）を中心に、実働部隊（グリーンベルト）からなるチーム活動で問題解決に取り組むからである。従来からの日本のQCの考え方、問題解決法、QCツール、TQM……と大きく変わる点、決定的にシックスシグマが強調するところは次のものが挙げられる。

① プロジェクト活動である（日本的な、みんなで……でなく、欧米的）
② バラツキをもたらす決定的要因を排除する（平均値だけではなくバラツキも）
③ 確立されたツールと使用方法（沢山のツールの中から選び出されている）
④ 専門のアナリストを養成（ボトムアップに対し）

　しかし、シックスシグマは欧米的な考え方であるが故に日本の土壌にはなじまなかったのではないかと思っている。いきなり専門職が出現するわけでもなく、地道にコツコツと力をつけて問題解決をしていく日本

的な取り組みと共存していても、時間の経過とともに日本的な TQM に凌駕されていったものと考えている。

(3) TQMの道しるべ〈品質経営の考え方、取り組み〉

　では、日本的な TQM での「継続的改善」を推し進める原動力は何であろうか。

　それは、Output として例えば製品品質を向上させるべく継続的に改善活動を進めようとする場合、あたかもシックスシグマのプロジェクト活動の如く、最前線の改善活動を近視眼的に見るのではなく、改善活動を支える企業としての土壌、企業文化、職場風土を共に考えるという視点で「品質経営」という言葉が存在する。

　「品質経営」というと、先に出てきた「経営品質」とどう違うのかと混乱してしまうかもしれないが、先の「経営品質」は「経営の質の良さ」と理解したのに対し、「品質経営」は「品質を重視した、優先した経営を行う」「製品の品質を重視した経営」と解釈する。

　従って、その基盤には経営の要素が横たわっていて、その上で製品品質の改善活動を進めるという考えから、品質経営を構成する6つの側面が存在する。

① 組織運営
② 人材教育と熱意
③ 経営者コミットメント
④ 現場管理と品質保証
⑤ 製品開発
⑥ 顧客対応

　その概念を図7-4に示す。また、それぞれの重視する要素については、更に詳細な項目が挙げられ評価要素となっている（図7-5）。

第7章　どのようにして品質経営を進めていくのか

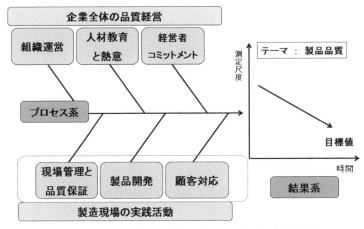

図7-4　品質経営の概念　プロセスと結果の関係

① 組織運営
・品質重視の概念、経営基本方針を従業員、取引先などが理解
・品質経営の体制と責任者の役割
・CQOまたはCQOに相当する役員の任命
・年度品質目標の展開方法
・品質経営とコンプライアンスの関係づけ、取り込み
・必要情報の体系的収集・分析、社長の閲覧
・人材育成の計画的な実施、状況の確認・把握、計画の見直し

② 人材教育と熱意
・品質管理に関する教育
・2015年度の達成率の改善
・品質関連の教育時間・コストとその増減
・品質改善活動への従業員の参加、計画的な実施
・調査による従業員満足度の把握
・ISO9000及びISO14000の取得状況
・最近5年以内の品質関連賞の受賞

④ 現場管理と品質保証
・不具合の予測や低減に役立つ工程設計の方法
・検査における誤判定の観点から見直す仕組み
・顧客への納期達成のための仕組み
・顧客からのサービス・クレームに対しての迅速な対応
・品質改善の実施方法
・QCD（品質・コスト・納期）の一体的な管理
・定められた体系・仕組み通りの品質保証の実施
・責任・権限の明確化、日常管理、工程異常報告制度による品質維持

③ 経営者コミットメント
・トップへの品質活動報告
・社長の品質活動の確認・行動・診断

⑤ 製品開発
・顧客の嗜好の調査とタイムリーな製品への反映
・資源を効果的・効率的に投入できる組織的開発体制
・新製品のトラブル・クレームの処理と製品開発への反映
・購買・外注先の選定方法
・製造品質を改善するための品質管理手法の活用
・顧客相談窓口の設置
・中長期的観点からの技術開発とその継続的測定、評価基準の設定

⑥ 顧客対応
・新製品開発強化、効率化のための品質管理手法の活用
・市場での品質不良に起因するコスト項目
・顧客満足度調査の把握
・〇〇年度工程内品質不良コスト・市場品質不良コストの対売上高比率と増減
・購買・外注先への品質向上指導・支援と購買・外注時のコスト低減目標を設定する仕組み
・品質改善目標の数値目標設定、品質改善活動の成果の社内公開
・クレームについて目標値を立てて管理している項目、無償の保証期間の設定

図7-5　品質経営を構成する6つの側面と主な測定項目
出典：「企業の品質経営度調査」『日経産業新聞』（日経リサーチ）

具体的には、日本経済新聞社、㈶日本科学技術連盟が日本経済新聞社の総合調査会社である㈱日経リサーチに委託して行う「企業の品質経営度調査」で、日本の約500社に対して評価要素を具体化した質問項目をアンケート調査として依頼し実施している（有効回答は約200社〈約40％〉）。

㈱日経リサーチによる集計、分析、高度な統計解析を経て回答企業の「経営品質度」のランキングが決定され、この詳細は『日経産業新聞』に掲載される。評価要素となっているということは、逆に考えれば、これらの項目を意識して現場の管理改善活動を進めていけばよいという道しるべでもあり、業種、業態を問わず自らのチェック項目として「品質を重視した経営」を行う手助けになり、これこそがTQMの道しるべだと考える。

この中には、「⑥顧客対応」の中で、市場クレームの品質コスト、工程内不良の品質コストが取り上げられ、集計、対売上高比とその増減のトレンドが求められている。

もちろん、ここでいう品質コストは定義からいうと失敗コストを指すわけで、品質改善活動を進めていくうえでの「指標」として必要欠くべからざるものである。数値目標として不良率、PPM、件数等を指標としている会社もあるが、それは生産現場の改善活動の指標としては結構なのだが、より上位の経営陣の関心を引き付けるためにも品質コスト（失敗コスト）を旭日の下にさらす努力が必要となる。そしてこれは品質管理と名の付く職場の仕事なのである。では、どのようにして品質コストを集計していくのか。これは既に第2章(2)で述べたので重複を避けるが、第1章図1-1に示すFeigenbaum氏の定義・提唱した品質コストの定義に、愚直に自社の場合は何が当てはまるのかを書き出すことである。

品質コスト	予防コスト Prevention Cost	有効な品質保証管理システムを設計・実行・維持していくためのコスト	品質計画	品質保証計画、立案、デザインレビュー QC工程表・検査基準書作成	
			プロセス管理	品質データの収集・分析・報告、改善	
			作業員訓練	作業標準作成とトレーニング トレーニング室設置と運営	
			設備保全	機械・治工具・金型の精度維持 日常点検、定期点検	
	評価コスト Appraisal Cost	原材料、製品が適合品質標準に合致することを確保するためのコスト	受入れ検査	原材料・協力会社部品・購入品の検査	
			製品検査	工程内検査、完成品検査、出荷検査	
			品質監査	品質保証システムは機能しているか ルールは守られているかのチェック	
			検査機器保全	検査機器・試験機の較正、点検とメンテナンス	
	失敗コスト Failure Cost	内部失敗コスト Internal	品質標準に合致しない原材料、製品から生じるロスの製造原価	廃棄	スクラップ処理、歩留まりロス
				手直し	選別作業、修正作業、再検査
				再生産	スクラップ分の再発注、再生産 ラインストップのロス
				設計変更	再発防止の変更、設備治工具の変更
		外部失敗コスト External	低品質の製品を顧客に出荷したために生じるコスト	クレーム対応	原因調査・対策立案・報告、修理
				再納入	返品処理、代替品納入
				値引き	クレームによるイメージダウンで 設定価格より値引き販売
				損害補償	顧客の損害を補償

図7-6　品質コスト（自社の場合）

(4) 誰が品質経営を推進するのか

　以上、経営品質、品質経営の概念は理解したとして、では、どのような組織が、誰がこのことを推進していくのであろうか。

　経営品質は「経営の質の良さ」を追究する経営であるから、必然的に経営者、経営幹部といった企業の上層部の管理職がその実践の対象になるであろうと考えられる。経営品質の概念構成・アセスメントの8つの基準を理解すべく、研修課程としてのセルフアセッサーコースに多くの企業の管理職の方々が取り組まれているが、その取り組み方には企業としての意気込み、熱意に温度差があることも否めない現実がある。
　何か新しいことを求めて個人の興味で参加している人は、あくまで個人のスキルアップを狙いとしており、会社に帰ってその影響力を発揮で

第2部　組織的取組編

きるとは思えない。また、会社としては関心があるので誰か聞いてこいといったレベルでの参加者も少なくなく、トップの庇護のもとに地道ながら着々とアセスメント項目を実施項目として積み上げていく人もいれば、個人の立場と同様に会社に帰ってから周囲に影響力を与えられず孤軍奮闘になってしまう場合もあるであろう。主として経営企画関連の職種の幹部の人が多いようであり、品質と名が付くからと製品の品質管理をやっている人にはある意味場違いである。

　一方で、会社命令で管理職以上全員がセルフアセッサーコースに参加したことがある、または現在している会社もあり、管理職以上は経営品質の概念を共有して優れた経営を目指すという経営者の経営に取り組む熱意がそれだけでも伝わってくるケースもある。

　一方、品質経営となると目的は製品品質に絞られるが、品質を重視した経営という視点からは、これまた会社の管理職以上の全員が対象になってくる。何故ならば、それぞれの職場での職務を遂行するにあたり、品質を重視した考え方で行動するということだからである。

　製品品質を具現化するには、一般的には次のような機能を持ったプロセスがあり、それぞれの機能は会社の規模の大小にもより異なるが、役割分担が分割され組織が構成されている。

　極端な場合、一人でこのプロセスを全部担当する場合もありうるが、その場合でも、経営者、経営幹部の立場とそれぞれの分担職場の管理者、そして実務者の立場とを使い分けているにすぎないのである。

図7-7　商品化プロセス

第7章　どのようにして品質経営を進めていくのか

　経営者、経営幹部はもちろんのこと、それぞれの職場にはそれぞれの役割があり、その具現化としての職務の機能の発揮の仕方には自ずと上手い、下手がある。上手くやるためには俗にいわれるKKDH（経験、勘、度胸、ハッタリ）も重要だが、管理技術としての品質管理＝「仕事の質の管理」がある。
　それぞれの職場にはそれぞれの職場の「仕事の質の管理」があり、即ち品質管理がある。

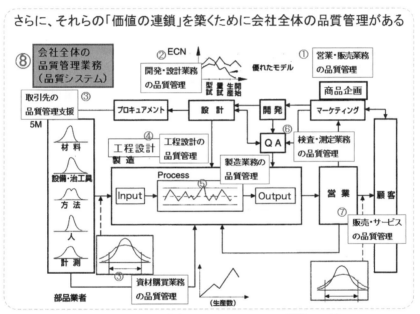

図7-8　それぞれの職場にはそれぞれの品質管理がある

　ここで強調したいのは、それぞれの職場にそれぞれの品質管理があることが大前提ではあるが、会社全体の品質管理を束ね、「品質を重視した経営」にベクトルを収束させる役割を果たす機能がまず存在し、そして機能しているということが重要なのである。
　この機能を回すことこそ、TQM（Total Quality Management）であるは

ずである。ここでの Quality は「製品の品質」を指す場合から先に述べた「仕事の質の良さ」へと時代の流れとともに変遷があるが、少なくとも、品質経営という範疇、領域の中では「製品の品質」と解釈していて良いのではないだろうか。

(5) 名刺だけの品質保証部長はいないか

　この役割は経営者、社長の製品品質に関する右腕、スタッフとして一般的には TQM 推進室、品質保証部門、品質管理部門……というような名前の下で司られるが、会社によっては経営企画室といったような組織の戦略構想立案、中長期の事業計画、短期的財務計画……社長の戦略ブレーンとして活躍する部門が手段としての「品質を重視した経営」を牽引する会社も少なくない。何故ならば、製品の品質問題は企業の収益に大きな影響を与える要素であるからで、このようなことはいつの世でも新聞紙上、TV を賑わせていることからも理解できる。

　名は体を表す喩えの通り、TQM 推進室が品質経営を推進するのにピッタリする名前だが、これは各部門の「品質を重視した部門運営」を束ね、全社として「品質を重視した経営」に繋げるという役割をはっきりと組織上も示しているので、疑問の余地のないところである。

　しかし、そのような組織が組めるのは一流の大企業であって、日本のモノづくりを支えている底辺の中小企業ではなかなかそのようなわけにはいかない現実がある。もちろん中小企業といえども、それはただ規模が小さいというだけで、独自技術で、ユニークなビジネスモデル……とそれぞれ Core Competence を持ち世界に打って出ている企業はたくさんあるが、そこに至らない中小企業と呼ばれる会社が山ほど存在することもまた事実である。

　そのようなごく一般的な中小企業において、社長の品質に関する右腕、スタッフとしての TQM、品質経営を司る役割はどのようになっているのであろうか。

大なり小なり、どんな会社にも品質保証部長とか品質管理部長という人は存在すると考えるが、果たしてその職務、役割はどうなっているであろうか。

名刺の肩書通りの役割を持った人と早合点してはいけない。守備範囲はまちまちで肩書の名前に名前負けしている場合が多いであろう。それはいみじくも、その会社の製品品質に問題を抱えていて、何をどうしたらよいのか思案しつつもTQMの視点に立てず、火のついたお尻でがむしゃらに立ち向かっているのが現状ではないだろうか。

ここで、よく使われている品質保証部という名前を取り上げ、その意味するところを考えてみる。

品質は製品の品質と理解して、では保証にはどんな意味合いがあるのだろうか。

実は"ホショウ"にも色々な意味があるということである。

- 保証　Assure　　　人（顧客）に確実であると感じさせること
  　　　Guarantee　製品や行為などに対して請け合い、公式に責任をとること
  　　　Warrant　　人（顧客）に品物が確実であることを請け合う

- 保障　Secure　　　人（顧客）を安全にする、確実にする
  　　　Guarantee　製品や行為などに対して請け合い、公式に責任をとること

- 補償　Compensate　償う　埋め合わせをする

- 歩哨　Sentry　　　見張り

これに品質を当てはめてみたら、どうなるであろうか。

第2部　組織的取組編

↑先進国
｜
↓開発途上国

	Quality Assurance 品質保証	各部門の連携活動強化でシステム的Guarantee
		各部門の価値（仕事の質）を高め、価値の連鎖を重視
	Quality Security 品質保障	ミニ市場を想定した検査強化でGuarantee
		関門をクリアーすれば大丈夫という安心感
	Quality Compensation 品質補償	市場クレームにひたすらあやまり役　墓地の掃除人
	Quality Sentry 品質歩哨	検査だけやっている　不良情報を集めている

図7-9　品質ホショウ　御社はどの段階にいますか

　さて、御社は今どの段階にいるのであろうか。これには会社設立からの歴史的背景も絡む場合が多いので一概には決めつけられないが、設立当初、品質問題の後始末に当たる人たちが品質管理という名前の部署で時の経過とともに大きくなってきた組織とか、開発・設計を担当してきた中堅どころの技術者の中で設計内での人事構想から外された技術者がその品質管理に入ってくるといった背景が多いようで、もちろん生粋の品質管理の人がいるはずも無いのが偽らざる現状ではないだろうか。
　このような視点でCSという言葉もみてみることにする。

　　CS　Customer Satisfaction　……商品化プロセス全体の品質システ
　　　　　　　　　　　　　　　　　　ム設計と管理
　　CS　Customer Service　　　　 ……有償、無償の修理

　品質を重視する管理・運営を行うためには、第一線の現場管理者たちの教育・研修という課題以前に、TQMを推進する人、品質経営を推進する人が全社の司令塔となる素養があり、且つ司令塔であるための知識、管理技術、スキルを身に付けていることが求められているのである。
　であるから、特に間接・支援業務部門の人は、自ら自職場、自分の役割と責任を明確にしておかねばならない。

特に間接・支援業務部門といったのは、直接・基幹業務部門は図7-7にも示したように、商品化プロセスの中の位置づけと前工程、後工程がモノの流れ、情報の流れでわかりやすく、自部門の Input は何でどこから、Output は何でどこへと書き出すことが出来るが、間接・支援業務においてはビジネスフローマップの中の位置づけさえ書き込むのに悩む場面がでてくるからである。

よって、ビジネスフローマップで自社の他部門とのつながりの中で、自部門はどこに位置づけられるかを書き出すことが重要である。それはそこから「あなたのお客様は誰ですか？」（Who are your customers?）という重要な質問に答える準備を進めるためである。

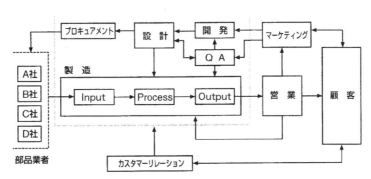

顧客 - Who are your customers？

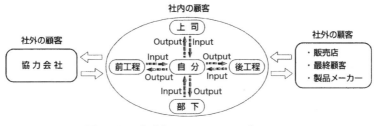

図7-10　ビジネスフローマップ

ここで大切なことは「あなたの業務のお客様は誰か」というごく基本的な、でも普段考えたことも無い質問に答えるにあたり、安易に「それ

は上司」で済ませてはいけないということである。実務者と管理者という立場の違いから業務の幅と深さが異なるだけで、その成果物は両者のOutputであり同一の後工程のInputとなるからである。

そこで、間接、特に品質管理、保証という名の付く部門の人は「あなたのお客様は誰ですか？」という質問をじっくり時間をかけて考え、議論を重ねてほしいものである。

① 準備するもの（事前情報）
　　職務分掌規程………使い物になるレベルが前提、大雑把なものが多い
　　品質保証体系図……ISO 9000では必須、大雑把、理想と現実の乖離はダメ
　　社内組織図…………当然最新
② 次にビジネスフローマップの概略図をつくる
③ 各部門のInput－Outputを書き出す
④ 各部門、各課のInput－Outputの繋がり、価値の連鎖（Value Chain）をつくる
⑤ ビジネスフローマップに書き出す

ここからが本番である。

⑥ あなたのお客様は誰ですか？（あなたの後工程はどこですか？）
⑦ あなたのOutputは何ですか？
⑧ そのOutputの当たり前品質は何ですか？
⑨ そのOutputの魅力的品質は何ですか？
⑩ そのOutputの質の良さ（品質）を示すデータはありますか？

これは管理者以上がじっくり時間をかけて考えることである。
特に、間接・支援業務部門は業務の幅と深さを自分で決めてはいけな

い。直接・基幹業務部門がやってほしいと思っていること、即ち Voice of Customer：顧客の声（声なきで声ある場合が多いが）を御用聞きでもして積極的に回って、自分たちへの期待が何なのかを把握すべきである。何が期待されていて、何が期待されていないのか、はっきりと認識すべきである。

　最悪のパターンは期待されていることが出来ていなくて、期待もされていないことがやられている現実である。

　このことから、ビジネスフローマップから「あなたのお客様は誰ですか？」を考えることをお勧めしている。

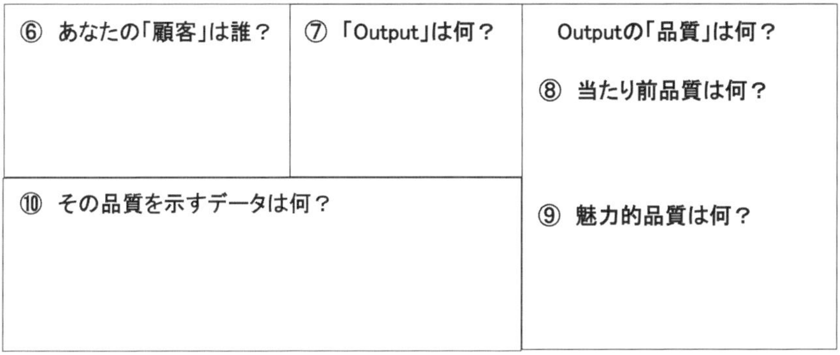

⑥ あなたの「顧客」は誰？	⑦「Output」は何？	Outputの「品質」は何？ ⑧ 当たり前品質は何？
⑩ その品質を示すデータは何？		⑨ 魅力的品質は何？

図7-11　あなたの顧客は誰？　Output は何？

第8章 品質保証体制の確立

(1) 品質経営の理想と現実との乖離の認識

　では、この現実に対してどのように取り組んでいけばよいのであろうか。

　経営品質ではアセスメント項目「4．組織と個人の能力向上」(p.64)でどのようにして組織の役割に必要な知識、技能を身に付け、職務を全うできる能力を向上させていくのかを問うているが、これを逆手に取って、そもそもどういうことをやっていれば良いのかという視点で、今まで苦渋をなめて集積されてきた帰納法的解析事例から一転して、演繹法的に戦略構想を練ることに尽きるであろう。

　この場合、ただやみくもに考えるのではなく、「品質経営を構成する6つの側面と主な測定項目」は品質経営にとって必要な項目を列記しているので、現実との差異を自社流にアレンジしていくということである。

　この場合、いきなり取り掛かるのではなく、経営品質8つのアセスメント項目の大前提となる「組織プロフィール」を活用することをお勧めする。

　もとより、「組織プロフィール」は創業者の創業の思い、夢、組織が目指す「理想的な姿」が出発点としてあり、以下を目的としている。

- ターゲットとする顧客、市場の現状と将来の動向を整理し、課題を認識する
- 競争環境の現状と将来の動向を整理し、課題を認識する
- 経営資源に影響を与える要素の現状と将来の動向を整理し、課題を認識する
- これらの課題を整理統合し、価値を創造していく上での経営革新のテーマを明らかにする

それを実現するための固有技術、コア・コンピタンス、経営資源、従業員、ビジネスパートナー……があり、顧客に満足を提供しようとする中で株主、地域社会に貢献している現状の姿を見渡すと同時に、今後の技術革新、業界の法的規制の動向、ビジネスパートナーの変革の状況……を改めて俯瞰してみるものであるが、この組織プロフィール抜きにいきなり経営品質に取り組んでも現実離れしたものになってしまうであろう。

例えば、創業の思い・志「目指そうとする理想の姿」について考える呼び水としては、以下が考えられる。

- 創業時、創業者はどんな思いでこの会社を立ち上げたのか
- 現在に至るまで、どんな苦境を経験し、どうやってそれを乗り越えてきたのか
- これから、どんな形で世の中に貢献していくべきなのか
- 仕事を通じて感動する瞬間はどんな時なのか
- お客様に対して約束すべきことは何か
- 将来（10年後、20年後）どんな会社になっていたいか

もちろん、組織プロフィールは文章にするものであるが、その前段階として粗くても良いので、まず単語で、絵で全体像をイメージとして位置づけ、文章化への道筋をつけておくことが重要である。

先に第2章(2)で述べたように「Write it down. Show me the data. Say it with graph.」を実践することをお勧めし、そこで使うと便利な私のフォーマットを紹介する。

第2部　組織的取組編

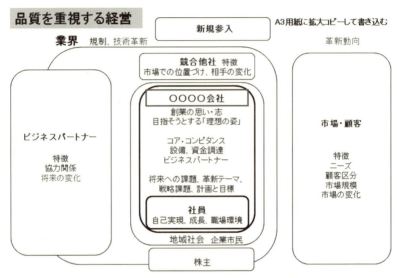

図8-1　組織プロフィールのための型紙

図8-2　新たな気づきのための問いかけ（呼び水）
引用：日本経営品質賞　アセスメントガイドブック

(2) 品質保証体制の構築

　組織プロフィールによって現状の把握と将来への動向を推測し、自社を取り巻く環境を認識した上で、ビジネスフローマップにおける各職場の「価値の連鎖」(Value Chain) と共に、図7-8で示した各職場の品質管理の内容状態を「製品の品質」という切り口から吟味することが重要である。

　各職場の役割と責任の段階で、重複はさしおいたとしても、その機能に既に空白地帯があったり名目だけの落とし穴があったりしないか、Value Chainを見つめ直すのである。

　この見つめ直す時の判断基準は、とりもなおさず品質経営の6つの側面とその評価項目が有効である。別に、品質経営度で良い評価を得て高いランキングを確保しようとしているわけでもなく、「品質保証体制は？」と聞かれたときに、瞬時に頭に浮かぶものが無いような脆弱な仕事の質管理をしている会社にとっては、拠りどころとなる判断基準が必要なのである。

　それは今、世の中の最高レベルのものを狙わなくても、少なくとも多くの会社が良かれとして実施している判断基準で十分であり、まずはそのレベルからスタートすることの方が重要である。レベルの差、違いについての議論だけが先行して中身がちっとも進まず、時間だけが過ぎていくといった会社をいくつも見てきた。まずスタートすることが重要なのである。

　各職場の役割と責任といった視点から、職務分掌規程、品質保証体系図を見つめ直し、理想と現実との乖離とその商品化プロセスのOutputとしての製品の品質を併せて見つめ直すことにより、そこに今まで抜けていた機能が課題として浮かび上がってくるのである。

　ただし、多くの場合、このような案件は今までに全く話題にもなっていなかったということではなく、どこかで誰かが気が付いていたことなのである。多分、会議の席上なんてもっての外で、職場内でも、たとえ

煙草部屋内でもトイレでも口に出しては言えない風土があり、内心悶々として時が過ぎるとともに忘れ去られていっているのが現実であろう。

生え抜きの社員でも業務に関する外部情報が気になりだす年代になると、他社の良い点もわかるようになり、違和感を感じ始めるし、中途採用者に至っては瞬時に今までの文化、風土と違う、これでいいのかと感じる場面があるはずである。

ただし、これも口に出しては言えない雰囲気の中で、心の中ではこれではいけないと思いつつも、現実に流されている悲しい自分の存在に慣れていっていることまでも、気づかなくなってしまっているのである。

これはいったい何なのか。

それは先に図6-2でも示したように「悪しき陋習」がはびこっているのである。陋習自体に悪しきの意味を持っているが、私は敢えて悪しきを付け加えている。

「伝統と変革」で述べたように、守るべきものと変えていくべきものを時代の流れとともに考え抜いていくことが管理者の要件である。繰り返すが「仕事＝作業＋改善」なのである。

ここでいう改善は管理者レベルで考えれば、まさに「伝統と変革」を考え抜くことであろう。

技術者レベルでは、「やらなければいけないことは何と、何と、何だ」とわかっているのである。

管理者以上のレベルの品質保証体制の確立とは、まさに職場にはびこる「悪しき陋習」を排除し、思っていること、考えていることがフランクに発言できる環境を整備していくことであろう。一気にできなくても、一つ一つ着実に悪しき陋習を排除していくことである。

(3) 品質保証体制の要「品質会議」

役割と責任から職務分掌規程、更には品質保証体系図に従い各職場は動いてはいるものの、そこには結果を監視しながら軌道修正を掛けてい

第8章　品質保証体制の確立

く機能が必須である。

　市場クレームにせよ工程内の品質不良にせよ、製品の品質問題に関しては必ず発生責任部門がある。何故なら、その部署の仕事の結果が品質問題となって現れているだけのことであるから。

　従って、発生責任部門はとりもなおさず対策実行責任部門でもあるから、発生責任部門を特定することが重要な仕事となる。この発生責任部門を特定するのに、一般的には市場クレームについては担当の品質保証（補償）部が、社内の出荷寸前の品質確認における不良は検出者である品質管理（検査）課が調査、解析をして決定、工程内不良について当該不良の検出部門が決めているようである。もちろん、解析に当たっては専門技術者の知見を借りるわけであるが、検出部門は後工程の立場から前工程である発生責任部門に対して是正措置と原因究明、その対策を求めることになる。

　ここで品質会議の出番がでてくる。

　実務レベルではそれぞれの部門間で個々の問題に対処しているが、これを会社全体の製品品質向上を目指す品質経営のテーマとして捉え、全社的な「品質会議」を設定する。この主管はTQM推進であったり品質保証部であったりするが、会社全体の品質管理を統括する部門の仕事である。

① それは品質保証活動の出発点が、お客様に信頼される商品づくりを目指しているからである。
　お客様に信頼される商品を、永続的に作り続ける組織的活動を定着させ、会社の社会的評価・信用を不動のものとすることが狙いであるからである。
　よって、各部門のマネジメントと品質管理を推進・実践できる人を育成していくことが大きな課題となる。

② そのために、各部門、各人に「後工程はお客様」の考え方を浸透させ、徹底的にその浸透度合いを監視し続けていく必要がある。このため組織の長の「決意表明」と併せ、末端への啓蒙、教育を

根気よく続け「意識改革」を推し進める。
③　目指すべき状態として、社会的信用のバロメーターでもある「市場クレーム　ゼロ」を実現するために、その温床である工程内不良の撲滅に着目し、品質目標を達成すべく監視活動である品質会議を最大限に活用する。
④　各部門の職責の下、不良の「対策実行責任部門」の目標値を品質会議で設定、承認し、以後監視の場として品質会議に報告する。この場合、よく品質担当者に報告させる管理者がいるが、これは管理者自らが自分の課題だと思って報告することが肝要である。報告内容はまず市場クレーム、次に後工程に影響を及ぼした不良の発生状況、そして自工程内不良発生状況、これらを含めた品質（失敗）コストのトレンド、この４点。
⑤　慢性不良への取り組みは期限を切って専任者のプロジェクト活動とし、関係部門と協業して優先的に取り組むよう管理者が環境を整備する。これは管理者が仕掛けないと誰も動かないという現実があるからであり、管理者の重要決定事項である。
⑥　品質会議は定時（月次、隔週、毎週）に開催する。延期はあったとしても主催者の都合で飛ばしてはいけない。ましてや品質責任者が不在の品質会議を開いてはいけない。責任者不在のマネジメントレビューは、責任者が自ら品質に関心を持っていないということを管理者以下部下たちに知らしめているだけである。
⑦　自部門で不足、脆弱な品質機能を補強するのは管理者の仕事である。

　このように品質目標を各部門の品質目標にブレークダウンして、その数値を、トレンドを監視・是正を掛けていくのが品質会議である。
　品質を重視した経営には品質を重視する「仕組み」が不可欠である。
　このような品質会議を推進するには、社内で誰にでも意見が言えるような人が最適であるが、なかなかそのような人がごろごろしているわけ

ではない。

　そのような人がいないところでは外部セミナー研修で知識を得たいと努力する姿はよく見かけるが、所詮短時間のセミナー研修で、ヒントは得たとしても即明日から会社が変わるはずも無い。

　そのようなときは外部のコンサルタントの力を利用すればよい。

　特に中小企業では研修・セミナー受講もままならない現実があるので、TQM推進責任者の養成はコンサルタントの指導を受けつつ、現場で実務の推進業務を実践しながら積み重ねていくのが近道であると考える。OJTとはこういうことであろう。

　第三者が介在すると、今まで天敵でものも言えなかった人に対してでも、代弁してくれる人がいるという安心感からか言い易くなるのである。その意味で、力関係が存在する組織では全体最適を目指すためのコミュニケーション力を高めるために、部外者、第三者の存在は有効である。

第9章　企業人の常識としての論理的思考

(1) 二つの「情報」という言葉の意味の違い

　昔から、志を持ち、世の中の人の役に立つ仕事で身を立てていこうという願望を実現へと橋渡ししていく能力として、「読み、書き、そろばん」という言葉があった。
　今ではあまり見かけることも少なくなったが、二宮金次郎の銅像が見る人に与える「勤勉」のインパクトは、まさに「読み、書き、そろばん」を身に付けたいという静かな中にも強い意志を感じるものがある。
　では、昔の「読み、書き、そろばん」は今、どのように変化しているであろうか。時代背景が大きく変化し、グローバリゼーションの時代、ITの時代、情報が満ち溢れる時代になっているが、企業人として要求される基本的能力として「読み、書き、そろばん」が挙げられることに相違はないであろう。その上で、時代背景を考慮したグローバリゼーション時代の語学力、紙の文化からの決別を示唆するような、IT時代に対応したIT活用力が求められるものと考えるが、特にその中で重要なのが満ち溢れた情報（Information）の中から、それらをどのようにして加工し、自分にとって重要な情報（Intelligence）を抽出・生成（Generate）するかという情報生成力である。この情報の意味は、アメリカの中央情報局はCentral Intelligence Agencyであることからも窺え、一方通行的な巷に溢れる"Informしたよ"という情報では無く、それらの生情報の中から選別し、加工し、自分の判断に必要な知識としての情報（Intelligence）を抽出したものである。

(2) 専門的固有技術に加え管理技術を身に付けた人財が求められる

　この選別、加工、抽出に重要な役割を果たすのが管理技術（Conceptual Skill）であり、代表的なものに SQC が挙げられる。

　企業人として、それぞれの分野の専門的固有技術（Technical Skill）を研ぎ澄ましていくことは、その人の人生をも磨き上げることになるが、併せて、学生時代には学ばなかった管理技術を身に付けていくことが企業人としてより重要視されるものである。仕事とは社内外で起こっている様々な事象・問題を解きほぐしていくことに他ならないのであるが、この場合、一つの現象を専門的固有技術の視点からと、管理技術の視点からの両方からみて、判断・行動していくということが要求されるのである。何故ならば、専門的固有技術がある限られた分野の特定の職務をこなすのに必要な「定型的な業務能力」であるのに対し、管理技術は「物事の大枠を理解し、概念化して捉える能力」で非定型的な能力で、その中には問題発見力、状況判断力、洞察力、戦略立案能力、問題解決力、想像力……が含まれるからである。

　"企業は人なり"とよく言われるが、この人とは"人財"であり、専門的固有技術と管理技術の両方を兼ね備えた人を指すのである。

　専門的固有技術は学校で学ぶことが出来るが、管理技術は企業内で実践しながら身に付けていくものであり、この能力を身に付ければ、まさに"鬼に金棒""虎に翼"である。

第 2 部　組織的取組編

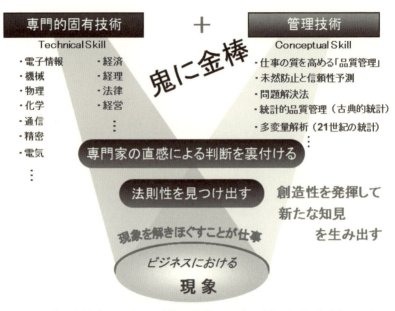

図9-1　「固有技術」に加え「管理技術」を身に付けた人財が求められる

(3) 身に付けたい、よく「みる」という能力

　日本語の平仮名は、一つの言葉でもたくさんの意味を含んでいるところが特徴である。ここで「みる」という言葉について考えてみる。

平仮名	漢字	意味
みる	見る	大きな目で高い位置で広く遠く見渡し多くの情報を収集する力
みる	視る	自分の判断基準に従って問題意識を持って分析する力
みる	観る	眼光紙裏に通る、暗闇を見抜くがごとくの洞察力
みる	看る	過去との比較、未来への予測、傾向把握力
みる	診る	詳しく判別し処方箋を書き、手当てをする判断力

第9章　企業人の常識としての論理的思考

　これらは英語表現と比較すると、更にその違いを明らかにすることができる。

見る	see / glance over / look at	情報収集力	Ability for Information (Intelligence)	Be on the spot 現場で Site, spot
視る	stare at / gaze at / find / examine	分析力	Analysis	Look at the actual parts 現物をみて Actual item
観る	observe / inspect / view	洞察力	Penetration / Insight	Face up to the reality 現実を知る Reality
看る	see after / look after	傾向把握力	Trend	原理 Principle
診る	diagnosis / diagnose	判断力	Decision	原則 General rule

図9-2　身に付けたいよく「みる」という能力

　この能力を、身に付けたいという願望だけに終わらせずに企業人として体得していくためには、私たちはどのようなことをしたらよいのだろうか。
　それは机上で考えることではなく、3現主義に表される「現場で」「現物をみて」「現実を知る」という行動で示すことであろう。欧米での表現が命令形であることは興味深い。
　しかしながら、陥り易い落とし穴は「現場で」「現物をみて」「現実を知る」という行動が形式上だけのものになってしまうことである。この行動に移る前に、その原理・原則をよく把握することが大切である。
　3現＋2原＝5ゲン主義としてよく知られていることである。

⑷ 論理的思考を実践するために

　常日頃、多くの問題が発生し、その解決のために走り回ってその都度「判断」という業務をしている方は多いものと思うが、果たして正しく、しかも無駄のない判断が出来ていたであろうか。

　多くの場合、問題発生から解決までの道筋はK・K・Dであることが多いようである。経験・勘・度胸（時にはHハッタリも）で判断することは改めて深く考えなくても済む容易な方法だが、必ずしもスピーディーで無く、結論まで遠回りしている場合が多いのである。

　場合によっては方向性が定まらなかったりすることもある。KKDH自体は技術者の知識の集大成でもあり尊重すべきものであるが、それのみでの判断に頼らず、そこに客観的な裏付けをとり、客観的な判断の精度を高めるという道筋が重要である。

　では、私たちは客観的な判断をするためには何をしたらよいのだろうか。

　それは、次の3つの事を実践していくことである。

　これは論理的思考（Critical Thinking）を実践していく上で重要なステップである。

① Write it down　書き出してみよう
　視覚的に書き出すことにより頭の中で考えていることを整理する。いざ書き出してみるとなかなか書けないという現実に直面した人も多いかと思うが、整理されていないと書き出せないのである。

② Show me the data　それを示すデータはあるか
　事実を客観的に把握するためにデータを活用する。

③ Say it with graph　それをグラフで示そう
　データをグラフ化することにより問題を浮かび上がらせ問題の本質を捉えていく。

第9章　企業人の常識としての論理的思考

　基本的に伝統的なQC7つ道具は代表的なグラフィカルツールであり、データが語り掛けていることを読み取ることである。
　ここでのキーワードは「データは語り掛けている」である。それを読み取れるか読み取れないかは、そのデータを手にした人の管理技術の濃淡、高低に懸かっている。

(5) こんな判断基準を持った人財になってほしい

■ 変えていく考え方
- 会社都合、自己都合⇒顧客満足（後工程はお客様）
- 手あたり次第、思いつくまま⇒重点志向（Bottle Neck、最重要課題）
- 部分最適（木を見て森を見ず）⇒全体最適（着眼大局、着手小局）

■ これらの考え方は大切だが、更に加えて欲しい考え方
- 結果思考＋プロセス思考（良い結果を得るにはプロセスに目を向ける）
- 平均値に着目＋バラツキにも着目（バラツキを考慮したアプローチ）
- 経験、勘、度胸、ハッタリ＋定量的、客観的データ（科学的アプローチ）
- 他人の真似はしない＋ベストプラクティスの把握、応用（ベンチマーキング）

　論理的思考は Logical Thinking とか Critical Thinking の表現があるが、その違いは何なのか考えてみる。
　論理的思考（Logical Thinking）は文字通り因果関係を明らかにし、思考を理路整然と組み立てていく思考プロセスを客観的に見た場合の表現と理解している。
　一方、論理的思考（Critical Thinking）とは一体どういうことなのか。それは決して憶測をせず、事実の積み重ねで因果関係を明らかにすることである。Critical という意味は現在の自分の考えに対して、「他にこういう考え方もあるよね」と批判的であるという意味からの Critical であ

る。これは思考プロセスの中に入り込んで、それでよいのか、それでよいのかと自問自答を繰り返させる意味で、思考プロセスを内部から主観的に戒めている表現と理解している。シックスシグマではCritical Thinkingが使われている。

第10章　品質管理的ものの見方、考え方

(1) 品質管理とは「仕事の質管理」である

　製造業でいえば、製造業の3原則と言われる品質、納期、コストはあくまで仕事の結果であり、その仕事の良し悪しを生み出すのは仕事のプロセス内にあり仕事の質に懸かってくる。

　仕事の質という見方からすると、それは何も製造業に限らず、サービス業も含めたどんな業種にも当てはまる。そして、どのようにして仕事の質を高めていくかが重要な課題となる。

　品質管理とは「仕事の質を管理すること」なのだが、管理するということは仕事の質を高めるということに他ならない。これはどんな業界でも通用することである。

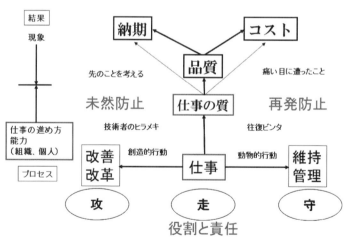

図10-1　品質とは仕事の結果である

　仕事の結果について良い状態を持続させるために必要なのは、仕事のプロセスを維持・管理していくことで、これは管理・監督者の重要な業

務であるが、結果が悪かった時にはその原因を究明し是正措置を行い、再発防止活動を行っていく。一方、結果が良い状態であったとしても新技術、時流の変化を先読みし、現状に安住せずに、まずは失敗の起こらないプロセス構築を目指して未然防止活動に注力することと併せ、より高い状態の結果を求めてプロセスの改革・改善を進めていくのが「管理」という業務である。

かつて、品質管理の大御所がこんなことを言っていたのを思い出す。

「品質管理とは『品のない質管理』である」

業種に共通していることなら、当然社内の直接、間接を問わず共通する管理技術である。

多くの企業には品質管理という名の付く部門・組織があるが、品質管理を行うということと品質管理の業務を行うということは、全く別物なのである。

企業人として仕事をしていく上で欠かすことのできない「QC感覚」（センス、マインド）は、どんな職場でもどんな職域でもその職場の効率の良さ、生産性の高さに影響する重要なものなのである。だからこそそのようなセンス、マインドを持った人は"頭がキレル人"として職場で評価され、重宝されるのである。

従って、「品質管理は品質管理という部署の人がやるものだ、自分たちには関係無い」という考え方、組織風土は企業が成長していく上で非常に危険な障害物となる。

これを排除するためには、入社時から「仕事の質を高める質管理」が品質管理であり、「これは自分たちの事なのだ」ということを浸透させなければならない。

(2) ビジネスセンスの基本中の基本　「QC感覚」

　これは文科系、技術系を問わず、企業人としては身に付けなければならない行動規範であり、新入社員教育には欠かすことのできないものである。もちろん、一般家庭生活や日常生活を問わず、どんな場面でも適用するものであるが、特に企業活動においては直接基幹業務、間接支援業務を問わず人の行動が業務の効率、生産性を左右するからである。
　人の行動はその人の意識に左右されるので、業務に接する際の意識こそが重要である。
　「QC感覚」とは業務に接する際の意識、考え方の事であり、次の4項目が挙げられる。

■「QC感覚」
　①後工程はお客様という考え方で仕事をする
　　……社内では自分の仕事の後のプロセスをお客様と考えて行動する
　②事実（データ）に基づいて考え、物事を原因と結果で判断し、重点志向で行動する
　　……統計的な考え方を以て仕事に臨む（統計的品質管理が欠かせない）
　③「仕事の質」に着目し、プロセス志向で仕事に取り組む
　　……品質＝仕事の結果⇒仕事の質⇒プロセス
　④管理のサイクルを回すという考え方で仕事をする
　　……計画（Plan）⇒実行（Do）⇒評価（Check）⇒改善（Action）

　前記②に「事実（データ）に基づいて考え、物事を原因と結果で判断し、重点志向で行動する……統計的な考え方を以て仕事に臨む（統計的品質管理が欠かせない）」とあるが、事実（データ）に基づいて判断、行動するにあたり大別して2つのアプローチ法がある。
　一つはグラフィカルツールによるアプローチ、二つ目はSQCによるアプローチである。

(3) データは語り掛けている

　私たちの周りにはたくさんのデータが存在する。大して気にも留めないが昔から取られているデータ、誰も見ることのないファイルされるだけの運命のデータ、承認印のために取るデータ、……多くが記録として残すためのデータの性質が強い。これらのデータは往々にして数えるデータ（計数値）が多いようである。
　一方、この案件を調べようとして意識して取るデータは、その目的が技術解析なので測るデータ（計量値）が多い。
　計数値であれ計量値であれ、データがそこにあれば、そのデータは私たちに語り掛けているということを肝に銘じなければならない。
　よって、私たちはその語り掛けていることを読み取る術を身に付けなければならない。

①グラフィカルツールで読み解く

　「Write it down. Show me the data. Say it with graph.」は論理的思考を実践していくために重要な具体的行動であったが、まさに数字の塊としてのデータが存在したら、それが何を意味しているのかを1枚の絵、グラフに置き換えるセンスが求められる。実験をして、その報告レポートに数字の塊、数表だけを提出したら上司はどうするだろうか。そのまま受け取り承認印を押す上司だったら、その職場は先が見えているということである。「ご苦労さん。ところでこのデータはつまるところ何を意味しているのかね、1枚の絵で説明してくれたまえ」くらいは言ってほしいところであろう。
　この目的のために、QC7つ道具を代表とするグラフィカルツールと呼ばれるツールが存在するので、これらのツールの一つ一つのTPO（Time, Place, Occasion）を問題解決型QCストーリーと併せて学ぶことをお勧めする。
　よく、新入社員教育と称してQC7つ道具を教えている場面を目にする

が、多分頭の中には何も残っていないであろう。それは教える側の TPO が間違っているからで、ある程度業務に馴染んだ頃に、①今どういう状態にあるのか、②その中で問題となっているものは何か、③その問題を引き起こす構成要素は何と何があるか、④それらの要因中で問題の現象と因果関係の強いものはどれか、⑤仮説を検証してみる、⑥原因が確定したらその対策を考える、⑦対策を実施しその効果を確認する、⑧結果が良かったらそれを持続すべく作業標準とする、といった QC ストーリーの中の QC 7つ道具の出番を一体で教えると身に付くものである。

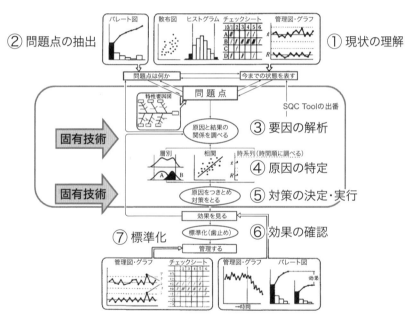

図10-2 問題解決 QC ストーリーと QC 7つ道具

②SQCで読み解く

いきなり SQC ツールに入る前に、前述のグラフィカルツールをマスターしてから取り組んだ方がよい。SQC ツールも基礎から高度な SQC ツールまであるので、一歩一歩山登りするかの如く階段を上っていくべ

きであろう。

でも、SQCツールを学ぶ前に理解・納得しておく必要があるのは、「なぜ統計なのか」ということである。

(4) なぜ統計が必要なのか

統計そのものを勉強する場合は別として、この疑問をクリアーせずしてSQCツールを学んではいけない。

これは企業人の常識としての論理的思考で述べた専門的固有技術と管理技術とに関係している。

企業での仕事とは、日々生じる問題に対処し解決を図っていくことであるが、その問題を解きほぐすにあたり、それぞれの専門的知識を持った技術者がその固有技術の眼で解析、考察する。学生時代それぞれの道で学んできた学術的、理論的知識は、たとえそれが応用であったとしても理論式、公式に則ったもので、そこで扱うデータには「バラツキ」という概念は無いのである。ある公式 $y=f(x)$ にある値 x を入れれば y は一意に決まるのである。

これは当たり前のことであるが、専門的固有技術の世界では「データのバラツキを考慮しないアプローチ」なのである。よって、その関数の最適解を求めるには、一般には微分して極大、極小となる値を求めるのである。これは確定モデルといわれている。

一方、管理技術の世界ではデータにはバラツキがあるとの前提で、「データのバラツキを考慮するアプローチ」を行うのである。

データにバラツキがあると、もはや理論式、公式の世界ではなくなるので、最適解を求めるには成功の確率の高い方が選ばれる。よって、確率が高いか低いかを判断するためには確率・統計の世界に入らなくてはならない。これが統計が必要となる理由である。これは前述の確定モデルに対して確率モデルと言われる。

第10章　品質管理的ものの見方、考え方

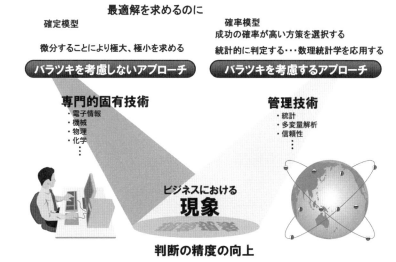

図10-3　なぜ統計は必要なのか

(5) 私たちの手にするデータにはバラツキがある

　では、データにバラツキがあるとか、ないとかは何によって決まるのか。

　これは図面上の寸法と実際に出来上がった製品の寸法がすべて同一ではないという現実からお分かりいただけるであろう。

　皆さん方の企業、職場で手にするデータ（計量値）にも、きっとバラツキがあるはずである。仮に同一の数値が並んでいるデータだとしたら、それはちょっと確認してみる必要がある。測定単位は有効桁数を考慮しているか、それに合った測定器か……。

　私たちの製造プロセスは4M（Man, Machine, Material, Method）で構成されていて、すべてが均一ではないので、結果としてアウトプットにバラツキがでるのである。

　このことを実際に体験してもらうために、セミナーでは「のの字チェック」ということをやる。

この事例は『パイロットが空から学んだ一番大切なこと』という書籍の中の178頁、「何段目まで考えているか」という題で国際線機長が機長養成のフライトをしている件(くだり)である。内容的にはリスク管理、新QC７つ道具のPDPC（Process Decision program Chart）に恰好な話題だが、セミナーではこの文章の中に「の」の字がいくつあるか３分で数えてもらう。「の」の字は小学校で学んだし、いくつあるか数えるだけ、即ち全数検査をしてもらうわけだ。一斉にスタートして３分で止め！　一人ひとり数を報告してもらうと結果はバラバラ、バラツキがあるどころの騒ぎではない。たまに正解の人がいるくらいでバラツキだらけである。なぜこのようなことが起こるのか。

「の」という字を識別するということ、その数を数えるということは、もしかしたら幼稚園で覚えてしまっているかもしれないし、少なくとも小学校の国語と算数で卒業していることなので、その能力にバラツキが

何段目まで考えているか

パイロットが空から学んだ一番大切なこと
坂井優基

フライトをしていると様々なことが起こります。その場ですべてを正しく抜け目なく対処するのは大変です。そのためには「客室の空気が薄くなったら緊急降下する」というようにあらかじめ考えておく必要があります。とくにパイロットでなくても、ほとんどの人が自分の仕事について、何かが起きた時の第一段目までは考えていると思います。しかしパイロットの仕事は第一段目までの考えでは足りません。

確率からいくと天文学的に小さな数字になるのでしょうけれど、一つの事象が起きた後に別の事象が起きて窮地に立たされる危険性があります。たくさんのお客様の命をお預かりしている以上、この確率がものすごく低い事象についてまで考えておかなくてはなりません。

そのひとつの例として、天気が悪くてある飛行場に降りられずに、他の飛行場に降りようとしたけれど、自分の直前に降りた飛行機が何らかの理由で滑走路を塞いでしまうという事例が考えられます。

今の成田空港は滑走路が二本になっているのですが、昔は成田空港には滑走路が一本しかありませんでした。もし羽田空港の天候が悪くて着陸できず成田に向かっている時に自分の飛行機の着陸直前で誰かがその一本しかない滑走路を塞いでしまったら、着陸するところがなくなってしまいます。そのような時でも無事に対処できるようにあらかじめいろいろな作戦を練っておくことが重要です。

アメリカから成田空港に向かっていると、会社からの連絡で成田と羽田に積乱雲の列が近づいているとの情報でした。

副操縦士に「どう対処したらいいと思う？」と聞くと「羽田の天気を調べて成田がダメなら羽田に向かいます」との返事でした。「羽田にも近づいているけれど。どうする？」と聞くとちょっと困ってしまいました。別に意地悪で聞いているわけではありません。副操縦士に一段目だけでなくもっと二段目、三段目まで考えなくてはいけないということをわかってもらいたくての質問です。当日の第二の代替飛行場は名古屋です。燃料の残りが十分で名古屋の天候が良い時は名古屋に向かうというのが次の段階です。さらに会社の規則で成田と羽田の両方がダメな場合で、かつ名古屋まで飛ぶと燃料に不安がある場合は、米軍の横田基地に降りてもいいことになっています。本当に成田と羽田両方とも降りられる見込みがない場合には、成田までの途中にある仙台空港に降りることも可能ですし、もっとアメリカに近い場所なら千歳に向かうこともあります。

このほかにも、速度を上げて雲の列が成田空港や進入経路の上に来る以前に早く成田に着陸してしまうことも考えられますし、逆に速度を落として、雲の列が通過してしまうのを待つことも考えられます。雲の位置と風の強さによっては、使っている滑走路と反対側からの進入が望ましい場合もあります。

世の中のいろいろな仕事で、まるっきり想定していなかった事態が起こることはそうそうありません。ほとんどの事例が自社で過去に経験してきたことか、あるいは自分の会社では起きていなくても、外国を含めて業界の中では起きたことがある事例です。また、自分の業界では起きていなくても、他の業界で起きたことを自分の会社に置き換えると容易に想像がつく出来事の場合もあります。日頃いかにこれらの事例を集めて、その一つ一つの事態に対して、何段目まで対策を考えているかが、緊急事態への対応の分かれ目になる気がします。

図10-4　この文章に「の」の字がいくつありますか

あるとは考え難いが、数え方（Method）を指定しているわけでは無いので、数を数えるというプロセスが人によってバラバラなのである。人によっては、初めから暗算で数える人、一字一字チェックマークを付けて数える人、それでも「の」の字を見逃して先に進む人……様々である。

その結果、プロセスがバラバラだから結果もバラバラということを体験してもらっている。

皆さん方も一度試してみてほしい。バラツキを体感できる。

以上、私たちの手にするデータはバラツキがあるということがわかり、そのバラツキのあるデータを解析して私たちが必要とする情報（Intelligence）を得るためには、統計学の活用が欠かせないのである。

(6) どのようにして統計を学ぶか

では、どのようにして統計の能力を身に付けていけばよいのか。

目的はバラツキのあるデータの塊の中から、私たちが今必要としている情報（Intelligence）を抽出するのに必要な統計解析力を身に付けることであるから、学術的な統計理論そのものの定理の証明とかを学ぶ必要もない。

古典的な数理統計は既に完成されており、高度な統計手法として「多変量解析」も現実の生活を題材としたテーマの中で活用されているが、いきなり高い山に登れるはずも無い。

あたかも小学校の体操の時間にやる「跳び箱」のように、一段、一段と能力に応じて段数を増やし高くしていくやり方が、統計を学ぶ道筋とよく似ているのである。統計の基礎の部分をしっかりと理解してからでないと、先に進んでもその先は基礎の応用で固められているので、さっぱりわからないということになりかねないのである。

統計を学ぶのは山登りと同じともいわれる。それは、少し高い山に

第2部　組織的取組編

登ってみて初めて更に高い山が見えてくるのであって、地上からいつも頂上が見えているわけでは無いのである。

　巷の書店の品質管理関連のコーナーは研究者向けの理論書から図解本、更にはマンガ本まで様々であるが、本を読めばすぐに理解できるというほど甘いものでもなく、途中で必ず「踊り場」にぶつかりそこで立ち止まる場面が出てくるものである。

　山登り方式で積み上げていく学習であるから、踊り場で立ち止まっていては先に進めず、この踊り場を乗り越えなくてはならない。

　その方法として、一つの本に固執せずに同じような内容でも別の人の書いた本ではどのように説明しているか、多面的に調べることである。

　もう一つは、SQCに関するセミナーを受講することである。疑問点を残さないで先に進めるし、何よりもExcelを使った解析手法を自社内で使えるようにテンプレートを用意しているので、Excel演習をしながら理論と実際を身に付けることが出来るのである。

第1部　問題解決への道しるべ
- 1-1　企業人の常識としての論理的思考
- 1-2　品質管理的ものの見方、考え方
- 2-1　問題解決能力を身につける考え方
- 2-2　品質問題解決への道しるべ

第2部　統計的品質管理手法の活用
1. 何故統計的手法が必要なのか
2. 集団の全体像・特徴を掴む
3. 正規分布
4. 平均値の分布、t分布、χ^2分布、F分布
5. 統計的推定と信頼限界
6. 工程の目覚まし時計　管理図
7. 工程能力指数
8. 測定システム分析
9. 検定・推定　現実的な課題（解答）
10. 客観的判断に役立つ仮説検定
    - -1　母平均の検定（1サンプル）
    - -2　母平均の差の検定（2サンプル）
11. 母分散の検定
12. 解析の定石　相関と単回帰分析
13. 重要な要因の選別　重回帰分析
14. バラツキの組合せ・許容差設計
15. 分析ツールのTPO
16. 学習のまとめ

(Excel演習)

図10-5　SQCセミナーの目次例

(7) 作業手順書の持つ意味

　先の「の」の字を数えるというバラツキを体感する演習を通して、私たちは4Mの中の方法Methodの重要性を学んだ。人それぞれに数えるという方法（Method）が異なり、バラバラだったために結果もバラバラだったということである。

　よって、結果を目標値に合わせて、しかも均一であるためには方法（Method）が確定されていなければならず、このことから、作業標準書、手順書、指導書……と呼ばれる確立した方法が重要なのである。

　確立したという意味は文書化されているということで、誰でも同様な認識を持てることと、記憶に頼ることのない、口伝えでの内容の変化を避けるということである。

　併せて、当初想定していなかったような作業ミスが発生した場合は、その原因追究の結果から作業手順書を改訂・更新するといった手間を惜しんではいけない。ましてや、作業手順書が無いとか中身が現実と相違しているとかは論外である。

　作業ミスとかポカミスとかの表現で原因を深く追究せずに片付けてしまっている会社もあるが、あくまでMethodである作業手順を軸に調査を行い、他の3Mに波及するのかしないのか明らかにし、手順そのものの問題であったのか、それともManの習熟の問題なのか、習熟してはいるが外部ノイズによるヒューマンエラーなのか……と聞き取りを含めた調査を深めていかないと作業ミスの原因にはたどり着けない。

　原因によって対策は全く違ったものになるから、作業手順を軸に深く掘り下げることが重要であり、そのために役に立つ道しるべとして図10-6がある。

第2部　組織的取組編

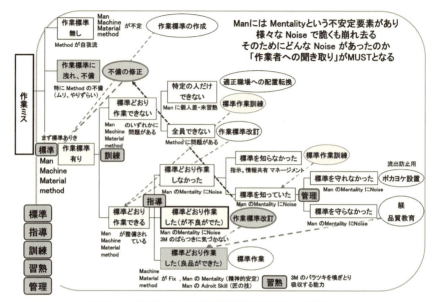

図10-6　作業ミスは手順書を軸に調査、分析する

　この場合、作業を設計と置き換えただけで、設計業務にも適用できる内容となる。設計手順の中には踏むべきステップ、考慮すべき項目、そのための原理、原則があり、ここにどれだけその会社の設計技術の知の財産が盛り込まれているかということになる。
　よって、失敗から学習した知識はこの手順書が受け皿となり蓄積されていく性質のものであることは第4章で述べ、実践しているとおりである。

第11章　知的生産性を高める「仕事研究集団活動」

(1) どのようにして知識を高めていくか

　現在、多くの企業の社是、社訓、理念といったものには、企業を取り巻くステークホルダーを顧客とした顧客満足の項目が掲げられていることであろう。
　すべての企業活動の原点はここにあることを忘れてはならない。
　以下はどの企業にもあてはまるであろう「ジ・エクセレント・カンパニーを目指す行動指針」として挙げられるものである。

1．創造的な経営で優れた業績を上げる
2．心の琴線に触れる商品とサービスを提供する
3．人類の幸せと社会の発展に貢献する
4．優れた創造性と先進的技術で挑戦する
5．全社員の不断の努力で、顧客はもとより社会より優れた評価を得る

　その中では社員満足の切り口から社員の能力向上が掲げられている。
　昔から"人は石垣、人は城……"と言われたように企業の財産はそこで働く人達である。
　よって当て字ではあるが敢えて「人財」という表現をしている。
　第9章では固有技術に加え、管理技術を身に付けた人財が求められるとして管理技術の重要性を説いたが、一方で専門分野に共通する管理技術はともかくとして、それぞれの専門技術分野における固有技術の進歩は目を見張るものがあり、常に先進的な技術を追いかけてその動向を探っていなければ、いつの間にか置いてきぼりにされてしまうほどその動きは速い。
　企業業績を高め、成長、発展させていく原動力は経営者の機を見た決

第2部　組織的取組編

断によるところが大きいと考えるが、一方でその英断を支える従業員の能力の向上も重要であり、車の両輪の役割を担っていると言っても過言ではないであろう。

　この企業業績と個人の能力向上を関連づけるのが「仕事研究集団活動」である。

　マズローの5段階欲求によれば、今や企業人としての人生はかつての生活の糧を得る手段の時代から自己実現の欲求を満たすこと、Quality of Life を追究する時代に変わってきており、かつての飴と鞭による管理のX理論から、認知欲求や自己実現の欲求を満たす施策のY理論に変わってきているのである。

　従って、個人の能力を高めることを私事(しごと)とし、そのことにより企業業績に貢献することを仕事(しごと)という意味で「仕事は私事で面白い」というキーワードが生まれる。

　これはこの章を通しての潮流であり活動の基盤でもある。

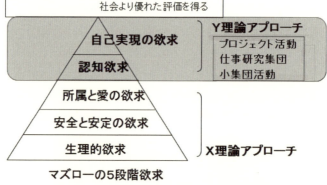

図11-1　自己実現の欲求を実現する場

(2) 赤信号、みんなで渡れば怖くない

　マズローの5段階欲求と自己実現の具体的行動については、第6章の図6-7で実務の中の一幕として出てきているが、改めて、組織的活動を進める中でのマネジメントとしては課題を沢山与えておくことである。社内には解決したいと思っていることは山ほどあるのが普通であって、無いのがおかしいくらいである。これはマネジメント達がどのくらい先のことを考えているかという一つのバロメーターにもなる。仮に、現に目の前で起こっている問題の火消しであっても、直実にこなせる者と、もたもたしながらようやく終わるという者と明らかに違いが出てくるものである。

　これはある意味、能力のある人を見つけ出していることにもなり、しかも公開である。誰しもが"出来る人"と認めることになる。

　課題を見つける場合、個人のレベルで見つけるものは多くの場合、自分の周辺に存在するものに偏る場合が多く、しかも全社の方針的事項、ベクトルと違う方向に行ってしまい、個別最適を狙う形となってしまう場合が多い。

　よって、その部門の管理者は全社の方針的事項、ベクトルを踏まえた上で、全社との整合性のとれた課題を部下に与えることになるが、ここで、個人単位の課題の場合もあると思うが、グループ単位でチーム活動を進めるよう仕掛けるのが管理者の役割となる。

　人間、一人で取り組もうとする場合は、かなりの勇気を持った決断と持続させていく忍耐と根性が要求されるものである。基本的に弱い存在であり、易きに流され易いのである。

　でも、グループ、集団で取り組むと、一人ではなかなか難しいと思って躊躇していたことでも「群集心理」の作用を受けてか出来ていってしまうものである。

　例として、競技者は別として、社員教育の一環で20km走るとか、10km遠泳することも集団だからできることであって、一人ではなかなか出来

ないことである。

"赤信号、みんなで渡れば怖くない"これを逆手に取れば多くの人達を活動に取り込むことができ、多くの人達に自分の能力を試せる場を提供できることになるし、更にPotentialな、まだ気が付いていない潜在能力を引き出せる場になり、自己実現の欲求を満たすための場を提供することになるのである。

そこでは、管理・監督者層、中堅層を対象とした中級レベルの小集団活動を「仕事研究集団活動」と位置づけ、全社方針に沿った全体最適を目指す部門レベルの課題を解決すべく、グループ活動、チーム活動を進めていくのである。

中級レベルといった意味は、かつてのQCサークルの最前線の実務者たちを対象とした仲良しサークルを土台に改善を考えるという勉強会、話し合いといったサークル活動を初級と位置づけているからである。

(3)「仕事研究集団活動」で人財を育成する

中級レベルの小集団活動を「仕事研究集団活動」と位置づけた意味は、文字どおり名は体を表すのであるが、その活動を進める上での土台となるものは次の4つであり、その過程を通じて「自ら考え、自ら行動する人財」を育成していくのが狙いである。

それは先に経営品質（第2部第7章）で述べた顧客（ステークホルダー）の中には社員、従業員もその一翼を担っており、社員満足、従業員満足を実現させる施策も重要視されるわけである。旧来の一方向的な押し付け型とも思われる教育・研修は新入社員もしくは業務上の必要性からのInputとしての役割は依然としてあるものの、個人の自己実現の欲求と会社側の期待とを一致させる中での従業員満足度ES（Employee Satisfaction）を実現に導く手段として、「仕事研究集団活動」は有効であると考える。

■ 改善意識
仕事＝作業に終わっているとしたら、淋しい人生に終わってしまう
仕事＝作業＋改善　改善があって初めて仕事をしたという実感を体感できるように、創造性、先進的技術への挑戦が始まる

■ マネジメント能力
思考回路はPDCAを回すことを習慣とし、基本中の基本だが、当たり前のことが当たり前に出来るという実行力を養っていくので、知っているだけでは役に立たず、知っていることはやっているという実践行動を重視する

■ 達成感
これこそ自己実現の欲求を満たす瞬間であり、ここを目指して活動する。この段階で仕事（会社への業績貢献）は私事（個人の能力向上）で面白いのである。

■ 仕事への愛着
仕事への愛着を持っていれば、その人の人生の価値は著しく向上する。5時から男ならいざ知らず、仕事での満足感はQuality of Lifeの軸となっているはずであろう。

⑷ 小集団活動と業務活動との位置づけ

さて、改めてマズロー5段階欲求での話になるが、現在、生活の糧を得るための仕事と位置づけは前提のまた前提であり、言わずもがなのことであり、ほとんどは個人の自己実現の欲求を満たすための舞台として仕事が位置づけられているものと考える。

であるから、個人の自己実現の欲求と会社の方針を一致させることが必須であり、そのために小集団活動の成果を日常業務へ反映させる仕組みが取られる。

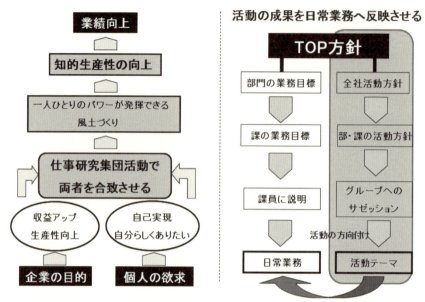

図11-2　個人の欲求と会社の方針を一致させる

　まず、経営TOPから出されるTOP方針は、各部門組織の業務目標として下部組織へとブレークダウンされて下される。これは今までも、どこにでもある形であるが、一方で、小集団活動としての活動方針も併せて下部へと流すのである。その最大の目的は活動の成果を日常業務に反映させたいからであり、そのためには小集団活動の活動空間が日常業務と密接に関係していなければならない。逆に言うと、活動テーマはグループで勝手に決まるものでは無くて、業務目標の中から出てくるものである。
　業務目標というと、それは仕事、業務そのものではないかという疑問が出てくるが、その答えは、その業務目標を実現するために必要な知識、能力、方法……を小集団活動のテーマとして取り上げ、個人の能力を高めていけば、その結果、その業務の結果も良くなるという考え方である。

第11章　知的生産性を高める「仕事研究集団活動」

　業務、業務と意気込んでいたところで、それに携わる人たちの業務実行能力が低かったら良い結果は出ないであろう。個人が仕事の中身を研究し弱点を炙り出し、その弱点を乗り越えた暁に、その成果は業務の結果となって現れるのである。

　このことをグループで取り組むのが「仕事研究集団活動」である。

　このような考え方の下、1970～1980年代に取り組んだソニー一宮㈱Q-up運動の小集団活動と業務活動の位置づけの実例を示す。[12]

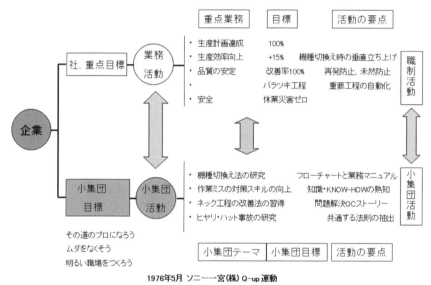

図11-3　小集団活動と業務活動との位置づけ

　もう40年も前の話ではあるが、この原理・原則は今もなんら変わることはない。

　私は当時、管理・監督者層の中級小集団のリーダーとして図11-3の

---

[12] 金岡隆夫『ソニーの人間的経営』CBSソニー出版　1982

中の機種切換え法の研究をやっていた。業務活動としての生産効率向上を実現するためには機種切換え時のロスを削減しなければという業務上の課題を抱えていたので、小集団活動としてはロスを削減するために「機種切換え法の研究」というテーマで機種切換えの現実を反省・調査・分析・試行を続け、帰納法的に事例研究を積み重ね知識を蓄えた。

この期間は約10カ月続いた。十分知識を蓄えた時点で、今度は一転して演繹法的に、そもそも理想的な機種切換えとはどうしたらよいのだろうかと機種切換えという仕事の設計に踏み込んだ。モレなくダブりなく必要な業務を洗い出し、それらをフローチャート化するとともに、それぞれの業務の役割、要点、うまくいった事例……を纏め、業務マニュアルとした。

このマニュアルは当時のソニーの国内生産工場はもとより、英訳され全世界のソニーの生産工場に水平展開された。

(5) 仕事研究集団活動で人財育成を進めるステップ

①まず、方針的事項としては次の5つが挙げられる。
1. 全員参加……全員参加が望ましい。今現実的にそれが難しい場合でも先々全員参加という方針を示す。経営とは改善の連続そのものである。特に小さな会社では在籍する社員の総合力が戦力だから、全員が能力を高める必要性がある。
2. 習慣づけ……習慣づけが出来るような「場」、「舞台」を仕掛ける。どんなことでも習慣になれば苦にならず、続けられるようになる。
3. 動機づけ……人間は社会的動物である。マズローの5段階欲求にあるように、自己実現の欲求を満たせる場面を探している。ヤル気にさせるには自己実現の欲求をくすぐるアクションを仕掛けることが重要。
4. 正しい評価……結果とプロセスの率直な評価が正しい評価とな

り、次への活力に繋がる。
5．長い目で見る……究極の目的は人財育成であるから、短期的な成果物に固執せず、長い目で見て継続させることが目的の達成につながる。

②仕組み、③アプローチ、④ツールに関する位置づけを図11-4に示す。

図11-4　仕事研究集団活動で人財育成を進めるステップ

　これらは初級の所謂サークル活動と言われるレベルでも、中級レベルの小集団活動である「仕事研究集団活動」でも共通してマネジメントしていくべきステップである。
　②「Step1 活動体制の確立」では、組織活動としての形づくりのため、まず決めなければならないことが沢山ある。推進を統括する責任者、各職場の推進事務局、職場のチーム及びコアチーム、各チームのリーダー、メンバー……等。
　「Step2 活動内容の教育」では、会社の業務目標を実現するために必要な個人の能力開発、成長を狙いとする活動であること、まず、コアチー

ムメンバーが改善ツールを学び、それを各職場チームに教え、実際に活動の中でやりながら改善方法を身に付けていくというスタイル、その背景には個人個人でも自分自身で勉強するということもある。
「Step3 活動実行」では、まず、話し合うことから始める。他人の意見に謙虚に耳を傾け自分の知識の欠如に気づくことが大切。

図11-5　活動は話し合いから始まる
出典：篠田修『TQC強化法』日刊工業新聞社　1985

　一人ひとりの知恵を集めるためにメンバーが集まってはみたけれど……沈黙は金であったりする場合がある。そのミーティングを仕切るリーダーはミーティングにおける合意形成を行うために、その進行を理論と感情の両面からサポートしていくというファシリテーション能力を発揮する場面が出てくるため、ファシリテーションを勉強する必要がある。
　参加メンバーの主体性を育むためには、呼ばれたい名前で出会い直す、好きなものへのこだわりを語り合う、自分の体験談から出発するといったような工夫を入れてブレーンストーミングを進めていく。
　人はどんな時に主体性を持てるのか。
　それは、認めること、自信を持たせること、ちょっとした後押しがあ

ること、受け入れてくれる仲間がいること、共感が得られること、信頼されていると感じること、周囲に見守られている、何でも言える環境であること、支援者がいること……が挙げられる。

「Step 4 評価・指導」では、結果だけでなくプロセス、活動内容も評価する。

「Step 5 発表会」は、必ず行うこと。これはチームにとっても、メンバー個人にとっても重要な檜舞台になるのである。ここで受け入れられることは、即ち自分の満足感に繋がる。

　③アプローチ、④ツールについては言わずもがななので割愛する。

おわりに

「品質管理は実践と行動の学問である」との認識の下、モノづくりにおける品質管理の理論の体得と生産現場での実践との融合を通して、私のライフワークとして、品質管理の実践力を身に付けることに取り組んできた。その中で、品質から見た企業経営の3本柱としての「経営品質」、「ISO品質システム」、「シックスシグマ」を実践し、そのパワーを体感してきた。

一方、これまで私の「師」となってくれた多くの方々との出会いに感謝するとともに、先人たちが培った技術・技能を後に続く若い世代に伝承していくことの重要性も痛感し、認識を新たにしている。

その結果、現場の視点から実践体得した企業の経営改革に取り組む考え方、進め方、手法を「三位一体」として研究・実践する一方、「世の中、師との出会いも順送り」と認識し、「先輩から受けた恩は後輩に返す」の考えの下、後に続く若い世代に「理論と実際」を伝承していくことが、「師」となってくれた多くの方々への恩返しであると考えている。

「改善活動は三位一体」の考えの下、私の改善のスタイルに則り、生産活動の第一線で売上高比1％の品質コスト改善を実践し、その中から次の課題である「第二世代の品質コスト」に取り組んできた。

設計完了後に後工程から指摘される設計責任不良の「やり直し設計」を知的生産性が議論される時代の「第二世代の品質コスト」と位置づけ、①その削減に取り組む仕組み、②方法論としての「是正措置から未然防止のための対策」を炙り出す「深層分析」、③机上の理想論とは乖離した設計現場からみた企業の組織的活動の現実の壁、④前線の設計者の「知的生産性を高める活動」について、設計現場からの視点から報告した。

知的生産性時代における品質コスト改善の未開分野に対する一つの取り組み方として、品質コスト改善の礎とする狙いで事例として設計部門を取り上げたが、他の部門でも応用できる内容であると考えている。

宝島　一雄（たからじま　かずお）

1944年生。防衛大学校理工学研究科課程OR Ⅲ（信頼性工学）修了。航空自衛隊飛行実験群で輸送機XC-1の物量投下試験を担当。退職後ソニーの生産部門でカラーテレビ・カムコーダーの生産・品質管理を担当。この間、生産現場の様々な品質問題の技術的解明を統計解析面から支援、それらを集大成し生産現場の実例を用いた"実践的品質管理のテキスト"を基に、ソニーの人事部門で実施するManufacturing Business School研修講師として「統計的品質管理手法の活用」、「信頼性工学の基礎」、「新入社員品質管理教育」、「QC7/N7」講座を担当してきた。その後、ソニー品質本部にてSony Six Sigmaのグローバル展開のため、SonyのCorporate's Trainerとして欧州地区（Berlin）、北米地区（Sandiego, Mexico）、アジア地区（Singapore, Thai, Malaysia）、日本の4極でTrainerを養成し、Sony Six Sigmaの伝道師の役割を果たした。海外のTrainer達からは"SSS Godfather"、"our guru"、"professor"と呼ばれている。オールソニーCSアワードを2回受賞。『標準化と品質管理』に論文掲載、日本品質管理学会での研究発表と「品質管理の理論と実際」をライフワークとして取り組んでいる。退職後、独立し、ソニーを含む企業や研修機関での品質管理研修講師と中国広州やマレーシアの工場で品質コンサルティングを実施。現在、東京、大阪地区でセミナー、品質コンサルティングを実施中。

第二世代の品質コスト

2016年5月3日　初版発行

著　者　宝島一雄
発行者　中田典昭
発行所　東京図書出版
発売元　株式会社 リフレ出版
　　　　〒113-0021　東京都文京区本駒込 3-10-4
　　　　電話 (03)3823-9171　FAX 0120-41-8080
印　刷　株式会社 ブレイン

© Kazuo Takarajima
ISBN978-4-86223-951-8 C2034
Printed in Japan 2016
落丁・乱丁はお取替えいたします。

ご意見、ご感想をお寄せ下さい。

[宛先]　〒113-0021　東京都文京区本駒込 3-10-4
　　　　東京図書出版